Johannes a Lasco

아 라스코

개혁주의 교회법의 토대를 놓다

요하네스 아 라스코
개혁주의 교회법의 토대를 놓다

강 민 지음

| 저자서문 |

　이제는 한국교회에서도 종교개혁자라는 용어가 낯설지 않다. 그중에서도 루터(Martin Luther, 1483-1546)나 칼빈(John Calvin, 1509-1564)은 종교개혁자에 대해 이야기할 때면 가장 먼저 등장하는 이름들이다. 좀 더 교회사에 관심이 있는 사람이라면 츠빙글리(Huldrych Zwingli, 1484-1531)와 녹스(John Knox, 1513-1572)에 대해 말할 수도 있다. 그렇다면 아 라스코는? 아마도 대부분 사람들에게 낯선 이름일 것이다.

　네덜란드 캄펜(Kampen)에서 공부하던 시절, 여러 나라에서 모인 학생들 사이의 첫 대화는 보통 간단한 인사와 함께 각자의 연구 주제를 묻는 것으로 시작되었다. 공통된 화제가 마땅치 않은 상황에서 모두가 신학생이다 보니 신학적인 주제에 대해 이야기를 하면 누구나 한두 마디라도 대화에 참여할 수 있었기 때문이다. 이럴 때면 나는 늘 박사연구 주제에 앞서 칼빈과 아 라스코의 직분론을 비교 연구한 석사 논문의 주제에 대해 말하곤 했다. 내 논문 제목을 들은 사람들은 누구나 "아, 칼빈!"을 외치며 칼빈에 대해 자신들이 알고 있는 것을 한참 동안이나 말할 수 있었다. 하지만 내가 집중하고 있는 주제인 아 라스코에 대해 말하기 시작하면 대화를 길게 이어 가기가 쉽지 않았고, 이내 다른 대화 주제를 찾아야 해서 마음이 바빠지곤 했다. 그만큼 아 라스코에 대해 알고 있는 사람은 흔치 않았다. 종교개혁과 관련된 역사나 교리를 전공하는 사람들조차 그를 낯선 이름의 종교개혁자로 기억하고 있는 정도이다.

다음의 그림을 보자. 종교개혁을 묘사한 17세기의 작품이다. 테이블 왼쪽에 앉아 있거나 주변에 서 있는 인물들은 종교개혁자들이고, 테이블 오른쪽에 앉아 있는 인물들은 로마 가톨

종교개혁자들과 가톨릭의 논쟁(한스 슈비처, 1650)

릭의 교황과 추기경, 사제 등을 대표하고 있다. 이 작품에 등장하는 종교개혁자들 중 여러분이 알아볼 수 있는 얼굴이 몇이나 되는가?

우선 테이블의 왼쪽에 앉아 있는 종교개혁자들은 아래로부터 마틴 루터, 츠빙글리, 칼빈 등이다. 우리의 주인공인 아 라스코는 어디에 있을까? 칼빈의 등 뒤, 즉 그림의 왼편에 서 있는 개혁자들 중 아래서부터 네 번째 인물이 바로 아 라스코이다. 그 옆에 불링거(Heinrich Bullinger, 1504-1575)와 녹스가 서 있는 것도 볼 수 있다.

여러 종교개혁자들 중에서도 아 라스코는 대중의 많은 관심을 받지 못한 개혁자이다. 그러나 상대적으로 잘 알려지지 않았다고 해서 종교개혁에서 아 라스코의 중요성을 과소평가할 수는 없다. 이미 1970~1980년대부터 취리히의 츠빙글리와 제네바의 칼빈으로 대표되는 개혁파(개혁주의, the Reformed) 안에서 제3의 흐름으로서 개혁파 피난민 공동체에 대한 연구가 활발히 진행되고 있다. 아 라스코는 엠덴에서 런던까지 그리고 다시 엠덴을 거쳐 프랑크푸르트에 이르는 여정 동안 개혁파 피난민 공동체의 목사이자 감독으로 헌신하며 네덜란드 개혁교회의 근간을 형성하는 데 크게 기여하였다.

아 라스코는 종교개혁의 주무대라 할 수 있는 독일, 스위스, 프랑스 등 서유럽 출신이 아니다. 주요 종교개혁자 명단에 이름을 올릴 수 있는 유일한 폴란드 출신의 인물이다. 흥미롭게도 폴란드 귀족 출신의 아 라스코가 감당한 주요 사역은 독일 북서부의 엠덴과 영국의 런던에서 주로 네덜란드 출신의 피난민으로 이루어진 교회 공동체를 목양하는 것이었다. 오늘날에 비유하자면 한국인 선교사가 일본에서 중국인 성도들로 이루어진 신앙공동체를 섬기는 사역에 헌신하는 것이라고 할까? 종교개혁자로서 아 라스코는 자신이 사역한 모든 교회에서 감독[1]의 직분을 수행하였다. 아 라스코의 신학적 지향점과 목회적 돌봄의 방법은 엠덴과 런던에서 그의 사역을 직접 경험한 네덜란드 피난민 회중을 통해 이후 엠덴을 중심으로 네덜란드 개혁교회가 조직되는 데 결정적인 영향을 끼쳤다. 하지만 여러 세대가 지나가면서 폴란드인 개혁자의 이름은 네덜란드 회중의 기억에서 잊혀져갔다. 그러나 19세기에 이르러 네덜란드 개혁교회의 다양성에 대한 질문들이 나타났고, 다시금 아 라스코의 이름이 주목받게 되었다. 훗날 네덜란드 개혁교회의 중요한 지도자가 되는 아브라함 카이퍼(Abraham Kuyper, 1837-1920)는 흐로닝언(Groningen) 대학교 신학부에서 주최한 학술논문대회에서

---

[1] 감독(Superintendent)의 직분은 개혁교회나 장로교회와는 관련이 없는 것으로 오해하기 쉽다. 그러나 종교개혁 당시 감독직은 개혁교회 안에서 인정받는 직분 중 하나였다. 간단히 표현하자면, 목사회의 대표나 최고 책임자로 이해할 수 있다. 제네바의 경우, 감독의 직분은 없었지만 칼빈이 수행한 역할은 기능적으로 라스코의 감독직과 유사한 성격을 가지고 있다.

칼빈과 아 라스코의 교회론을 비교한 논문을 발표하였고, 이를 바탕으로 1862년 같은 주제의 박사논문을 통해 신학자로서의 출발을 알렸다. 1866년 카이퍼는 자신의 박사연구에 근간이 된 아 라스코의 여러 저술과 편지를 정리하여 『아 라스코 전집』(Joannis a Lasco Opera)을 출간하였다.[2] 이후 아 라스코의 전기 작가이자 교회사가였던 헤르만 달톤(Hermann Dalton, 1833-1913) 역시 라스코의 여러 저술과 서신을 편집한 『라스키아나』(Lasciana, 1898)를 독일에서 출판하였다.[3] 이를 통해 아 라스코에 대한 현대적 연구의 기반이 갖춰졌다.

종교개혁에 대한 대표적인 오해 중의 하나가 이 역사적인 사건을 몇몇 위대한 인물이 이루어낸 업적으로 생각하는 것이다. 그러다 보니 루터나 칼빈과 같은 종교개혁자들을 지나치게 영웅시하며, 다른 개혁자들의 신학을 따르는 사람들이 서로 대립하게 된다. 종교개혁자로서 루터와 칼빈의 역할이 중요했던 것은 분명하지만 종교개혁은 결코 그들의 노력만으로 이루어진 것이 아니다. 중세 시대를 거치면서 성직자들의 부패와 정치 권력의 개입, 미신적이고 기복적인 신앙에 빠진 회중으로 인해 교

---

[2] Abraham Kuyper, ed. *Joannis a Lasco Opera*: *Tam Edita Quam Inedita*; *Recensuit Vitam Auctoris*, vols. 2. (Amstelodami: Frederic Muller, 1866). 이하 Opera.

[3] H. Dalton and J. Łaski, *Lasciana*: *Nebst Den œltesten Evangelischen Synodalprotokollen Polens, 1555-1561* (De Graaf, 1973).

회의 교회됨이 의심받게 되었다. 이에 맞서 유럽 전역에서 참된 복음의 말씀 앞에 순종하는 교회를 회복하고자 하는 시도가 수세기에 걸쳐 이어져 왔다. 16세기 종교개혁자들 역시 주의 몸 된 교회를 지키기 위해 헌신한 믿음의 사람들 가운데 일부였으며, 그들의 열심이 실현될 수 있도록 길을 만들어가는 길잡이가 되었다. 종교개혁은 단지 개혁자들만의 역사가 아니라 온 교회가 함께 이룬 교회의 역사이다.

종교개혁은 각각의 지역교회들이 처한 현실에 따라 다양한 모습으로 나타났다. 세속권력(왕, 영주, 시의회 등)이 로마 가톨릭 교회와 연합하여 종교개혁을 핍박할 때는 이에 저항하여 순교하거나 혹은 고향을 떠나 피난민 공동체를 이루고 신앙을 지켜 나갔다. 때로는 권력자의 주도 아래 국가나 지역이 모두 종교개혁에 참여하기도 했다. 많은 이들이 개혁주의 혹은 칼빈주의를 매우 단순하고 정형화된 교리 중심의 굳어 있는 신학으로 오해한다. 그러나 실제 종교개혁의 역사와 개혁자들의 삶은 살아서 역사하는 복음의 능력을 분명하게 보여주고 있다. 아 라스코의 삶과 신학, 목회의 모습은 개혁주의 전통이 가지고 있는 다양성과 역동성을 알아가는 좋은 출발점이 될 것이다.

이 책은 한국에서 본격적으로 아 라스코에 대해 다루는 첫 번째 시도이다. 시리즈 전체의 편집 의도에 따라 신학적 소양을 지닌 평신도들과 목회자들에게 아 라스코의 생애와 사역, 신학에 대하여 알리는 것을 목표로 하고 있다. 이러한 목적에 따라 독자 여러분께 몇 가지를 미리 당부드린다. 먼저 보다 편안하게 글을 읽을 수 있도록 가능한 각주를 줄이려고 노력하였다. 그러나 보다 깊이 있는 연구를 원하시는 분들을 위해 본문에서 다루는 역사적 사실이나 신학적 주제에 대한 참고도서, 특히 아 라스코 연구와 관련한 학술 논문, 단행본 등의 목록을 책의 말미에 덧붙였다. 다른 한편으로 아 라스코가 살아가던 시대의 주요한 역사적 사건들과 인물들에 대해서는 가능한 한 설명을 덧붙였다. 종교개혁을 전공한 신학자들에게는 불필요한 설명이 될 수 있겠지만, 16세기 유럽의 역사에 대해 익숙하지 않은 독자들에게는 그러한 설명이 쉽게 내용을 이해하는 데 도움을 줄 수 있기 때문이다. 마찬가지로 종교개혁의 현장을 보다 생동감 있게 느낄 수 있도록 역사 속의 중요한 장면을 묘사할 때는 문학적 상상력을 더하였다. 물론 모든 것은 역사적 사실에 기반하여 서술하였다. 아무쪼록 이 책이 우리보다 앞서 하나님께서 부르신 자리에서 믿음의 삶을 살아낸 한 사람의 삶과 신학을 찬찬히 살펴보는 기회가 되길 바란다.

마지막으로 이 글이 출판되기까지 함께 해준 여러분들께 감사의 마음을 전하고 싶다. 먼저 아 라스코 평전의 저술을 제안해주신 안인섭 교수님께 감사드린다. 여러모로 스스로 부족하다고 느끼며 머뭇거릴 때, 아 라스코를 전공한 첫 번째 한국 학자로서 그를 소개할 책임이 있다고 격려해주셨기에 용기를 낼 수 있었다. 목회사역과 박사논문의 마무리를 함께하는 어려움을 이해하며 언제나 사랑으로 함께 살아가는 남원예닮교회 모든 믿음의 가족들에게도 감사드린다. 또한 부족한 글이 책으로 출판되는 과정에 애써주신 익투스 직원 분들께도 감사드린다. 가족들의 기도는 목사로 살아가는 내내 가장 큰 힘이 된다. 사랑하는 부모님과 태림, 태명, 아영 세 자녀, 특별히 학업과 목회의 모든 시간 동안 변함없이 기도하며 함께 해준 사랑하는 아내에게 깊은 고마움을 전한다.

2019년 7월
남원예닮교회 목양실에서
강민 목사

차례

저자서문 **4**

Chapter 01

폴란드 출신의 귀족 청년 **17**
중부 유럽의 심장, 폴스카 **23**
폴란드 왕국의 출발 **24**
도약의 발판을 마련하다 **28**
폴란드의 황금시대 **32**
아 라스코의 어린 시절 **36**
크라쿠프에서 **39**
로마와 볼로냐 그리고 파두아 **45**
가톨릭 성직자의 길을 걷다 **48**

Chapter 02

전환점, 에라스무스와 기독교 인문주의 53
다시 외국으로 55
기독교 인문주의 57
첫 번째 바젤 방문 61
파리에서 62
두 번째 바젤 방문 67

Chapter 03

나그네가 되다 79
크라쿠프를 떠나다 82
종교개혁의 과정 92
진리를 찾아 길을 걷는 나그네 100

차례

Chapter 04

엠덴, 네덜란드 개혁교회의 시작 **109**

자유의 땅, 프리슬란트 **111**
동프리슬란트의 개혁자 **120**
재세례파 **125**
또 다른 벽, 루터파 **132**
쾰른의 종교개혁 **146**
아 라스코의 성찬관 **148**
다시 나그네의 길에 나서다 **151**

Chapter 05

런던, 박해받는 성도들의 피난처 **161**

영국의 종교개혁 **163**
새로운 안식처, 런던 **172**
런던의 종교 난민 공동체 **175**
아 라스코와 런던 피난민 교회 **179**
런던 피난민 교회의 예배와 신앙생활 **185**
장애물 **193**

한여름 밤의 꿈 **201**
아 라스코와 영국 종교개혁 **204**

Chapter 06

십자가 아래에서 **219**
북해를 건너 **222**
다시 폴란드로 **228**

Chapter 07

아 라스코와 한국교회 **239**
참된 교회 **242**
교회의 직분과 교회정치 **245**
개혁주의의 다양성: 아 라스코와 개혁파 피난민 회중 **253**

편집후기 **258**
참고문헌 **262**

Johannes a Lasco

요하네스 아 라스코
개혁주의 교회법의 토대를 놓다

1
폴란드 출신의 귀족 청년

Chapter 01
폴란드 출신의 귀족 청년

종교개혁은 이단의 가르침이며, 교회의 해악이 될 것이라 여겼다.
스데반이 순교하는 자리의 끝자락에 젊은 바울이 서 있었던 것처럼
폴란드에서 종교개혁을 탄압하는 시도들의 한편에 청년 아 라스코가 있었다.

어둠이 내려앉은 거리 한편에 서 있는 집 안에서 촛불에 의지하여 편지를 쓰는 한 노인이 있다. 편지를 써 내려가는 노인은 꽤나 밝은 표정이다. 일평생 글을 쓰는 것으로 단련된 노인의 손은 이제 많이 굳어 있었지만 여전히 아름다운 문장을 만들어내고 있다.

"이 고귀한 폴란드 청년은 학식이 뛰어나지만 자존심에서는 자유롭다네. 재능이 가득하지만 오만함은 찾아볼 수 없고, 아주 진솔하고 쾌활하며 다정한 성격을 가지고 있지. 이 젊은 친구와 멋진 일행은 내가 병과 과로 그리고 나를 폄하하는 사람들로 인한 괴로움으로 거의 말라 죽게 될 지경일 때

내가 다시 활력을 찾을 수 있게 해주었네. 덕분에 나도 다시 젊어진 것 같다네."[1)

에라스무스

편지의 끝에 적힌 이름은 데시데리우스 에라스무스(Desiderius Erasmus, 1466-1536). '인문주의자들의 왕자'로 칭송받던 당대 최고의 지성, 바로 그 사람이다.

에라스무스는 네덜란드 로테르담에서 태어났다. 부모가 일찍 세상을 떠나면서 어린 시절부터 데이벤터(Deventer)에 있는 '공동생활형제단'(the Brethren of the Common Life)에서 생활하며 자랐다. 이들은 신앙의 열심을 가지고 윤리적 경건을 추구하였고 권력과 부와 명예를 멀리하였다. 하나님의 말씀을 사랑하며 성경과 신앙 서적을 읽고 명상하는 것에 열심을 보였지만 교리적 논쟁이나 학자적 연구를 위한 것은 아니었다. 이때의 경험은 이후 에라스무스의 사상에 중요한 배경이 된다.

---

1) Percy Stafford Allen Desiderius Erasmus, *Opus Epistolarum Des Erasmi Roterdami* (Oxonii, 1906), 190.

에라스무스는 중세 스콜라주의의 형식을 비판하고 초대교회의 신앙과 윤리를 회복하는 것을 추구하였다. 그리고 기독교적 계시와 철학적 진리를 포괄하는 '그리스도의 철학'을 이루고자 했다.[2] 그는 프랑스와 이탈리아, 영국을 오가면서 학문적인 성취를 이루었으며, 영국의 케임브리지 대학에서 머무는 동안 가톨릭교회의 여러 문제점을 날카롭게 지적한 『우신예찬』(*Stultitiae Laus*)을 저술하였다. 이 작품에서 잘 드러나듯이 에라스무스는 가톨릭교회의 성직체계와 도덕적 타락 등에 대하여 비판적이었다. 그러나 평생을 학자로 살아온 에라스무스는 종교개혁의 불길 속에 직접 뛰어드는 것을 주저하였다. 이로 인해 로마 가톨릭교회와 종교개혁 양쪽 모두에게서 비난을 받게 된다. 이후 에라스무스는 스위스 바젤에 정착하여 말년을 보내게 된다.

바젤에서 에라스무스의 삶은 풍족하지 못했다. 평생을 쌓아온 학문적 명성은 여전했지만 경제적인 형편은 녹록지 않았다. 가장 큰 재산은 소장한 도서들로서 돈으로 환산하면 적지 않은 것이었다. 하지만 자신이 살아 있는 동안에는 처분할 수 있는 것들이 아니었다. 그러던 차에 폴란드에서 온 귀족 청년의 제안은 꽤나 매력적이었다. 요한이라는 이름의 청년은 에라스무스의 집에 하숙을 하기로 하면서 적지 않은 돈을 약속했다.

---

[2] 매튜 스핀카, 『개혁의 주창자들: 위클리프부터 에라스무스까지』, vol. 13, 기독교 고전총서 (두란노 아카데미, 2011), 315.

어린 시절부터 귀족적 소양을 충분히 교육받아온 그는 에라스무스의 지적인 대화 상대로도 부족함이 없었다. 이제 막 빛을 발하기 시작한 젊음의 총기는 노년의 학자로 하여금 자신의 젊은 날을 추억하게 하였다. 여러모로 에라스무스에게는 최고의 손님이었다. 물론 두 사람의 만남은 이 귀족 청년에게도 매우 의미 있는 시간이었다. 폴란드의 대주교로 자신과 같은 이름을 가지고 있던 삼촌의 뜻에 따라 줄곧 가톨릭교회의 성직자로서 엘리트 코스를 밟아온 그에게 에라스무스와의 대화는 넓은 대양을 건너 새로운 세계로 나아가는 기분 좋은 여행과 같았다. 이 만남을 통해 청년은 세상의 절대적 질서로 생각해온 로마 가톨릭교회에 대해 여태까지와는 다른 관점에서 고민하게 된다. 이 청년의 이름이 바로 요하네스 아 라스코(Johannes a Lasco, 1499-1560)이다.[3]

아 라스코는 폴란드의 최고 명문가 출신으로 출세가 보장되어 있었으나 하나님께서는 그를 복음의 일꾼으로 부르셨다. 그는 성공이 보장된 조국 폴란드를 떠나 이국 땅에서 스스로 이방인으로, 그리고 자신과 같이 참된 믿음을 지키기 위해 삶의

---

[3] 아 라스코의 라틴어 이름은 요하네스 아 라스코(Johannes a Lasco)이다. 폴란드어로는 얀 와스키(Jan Łaski), 영어로는 존 아 라스코(John a Lasco, 혹은 알 라스코) 등으로 불린다. 아 라스코의 가문이 폴란드 중부의 라스크(Łask)에 기반을 두었기에 '라스크 출신의 귀족 요한'이라는 의미이다. 이 책에서는 라틴어 이름에 따라 요하네스 아 라스코로 부르려 한다.

터전을 떠나온 개혁파 피난민 공동체의 개혁자로서 삶을 살게 된다. 본격적으로 종교개혁자 아 라스코의 삶의 여정을 따라나서기 전에 먼저 그가 사랑한 고국 폴란드에 대해 살펴보도록 하자.

중부 유럽의 심장, 폴스카[4]

폴란드 국기

유럽 속의 폴란드

중부 유럽의 대평원에 자리 잡은 폴란드는 우리에게는 멀고도 낯선 나라이다. 폴란드의 수도인 바르샤바까지 가기 위해서 비행시간만 해도 열 시간 이상이 걸리니 분명히 먼 나라이다. 냉전이 한창이던 20세기에는 동유럽에 속한 국가들 중 하나로 이념적으로도

---

4) 폴란드의 공식 명칭은 폴란드 공화국(Rzeczpospolita Polska)이다. 폴란드어로는 폴스카(Polska)라고 부른다.

우리와는 상당히 멀리 떨어져 있었다. 그러나 폴란드의 역사를 찬찬히 살펴보면 어느새 동병상련을 느끼게 된다.

폴란드는 국경을 맞대고 이웃한 강대국의 침략을 끊임없이 받았다. 심지어 나라를 잃기까지 했던 아픔의 역사를 가지고 있다. 1980년대 민주화운동을 통해 권위주의 정부를 극복하고 민주주의 정부를 수립하게 된 현대사도 우리에게 낯설지 않다. 1983년 노동자로서는 최초로 노벨평화상을 수상한 레흐 바웬사(Lech Wałsa)가 1990년 폴란드 최초의 민선 대통령으로 당선되었다.[5] 바웬사는 1994년 폴란드 대통령 중 처음으로 한국을 방문하기도 하였다. 이후 폴란드는 2004년에 유럽 연합에 가입하였고 지금은 대한민국 국민이라면 누구나 자유롭게 여행할 수 있는 이웃 국가가 되었다. 그러나 아직도 많은 사람들에게 낯설고 먼 나라로 남아 있는 것이 사실이다.

폴란드 왕국의 출발

한반도에서 후삼국의 혼란한 시대를 지나 고려가 건국된 10

---

5) 이때 바웬사는 노벨상 수상을 위해 출국했다가 다시 귀국하지 못하게 될 것을 염려했다. 바웬사를 눈엣가시로 여기던 정부에서 그의 입국을 막을 가능성이 있었던 것이다. 결국 바웬사를 대신하여 그의 아내가 대리 수상하였다.

세기 초(고려 건국 936년) 저 멀리 중부 유럽의 광대한 평원 지대에서는 수백 년에 걸쳐 다양한 슬라브족이 정착하여 살고 있었다. 시간이 흐르면서 그중 폴라니에족(Polanie)을 중심으로 여러 부족이 하나의 민족을 이루게 된다. 이것이 오늘날 폴란드 민족의 출발이다. 이후 각 지역 영주들의 통치를 받던 폴란드의 각 종족들은 그니에즈노(Gniezno)를 수도로 삼은 피아스트 왕조(Piast dynasty)에 의해 통합되었다. 그리고 폴란드 최초의 주교구 대성당이 건립되는 포즈나인(Poznan)이 두 번째 수도가 되었다.

966년 미에슈코 1세(Mieszko I, c.a. 960-992)가 로마 가톨릭 신앙을 받아들이면서 폴란드 왕국은 유럽 기독교 세계의 일원

그니에즈노 대성당에서 거행된 볼레스와프 1세의 대관식

으로 참여하게 되었다. 피아스트 왕조의 첫 번째 수도였던 그니에즈노는 폴란드의 정복왕으로 이름 높은 볼레스와프 1세 (Boleslaw I Chrobry, 992-1025) 시대에 대주교구로 승격되었다. 볼레스와프 1세는 1025년 그니에즈노 대성당에서 폴란드 최초의 대관식을 갖는데, 로마 교황이 보낸 왕관을 받는 이 예식을 통해 폴란드가 유럽 기독교 세계에 속한 주권국임을 최종적으로 인정받게 되었다. 뒤를 이어 즉위한 미에슈코 2세(Mieszko II)는 평범한 인물이었다. 위대한 정복자였던 조부 미에슈코 1세와 아버지 볼레스와프 1세의 위대한 업적을 그가 감당해내는 것은 버거운 일이었다. 그리하여 왕위를 놓고 형제들의 내부 반란이 이어졌다. 반면 폴란드의 성장을 두려운 눈으로 지켜보던 주변 국가들에게 이런 폴란드의 혼란은 빼앗긴 영토를 되찾을 기회

오늘날의 그니에즈노

로 여겨졌다. 안팎에서 터져 나오는 위협에 맞서 강성한 폴란드를 회복하기 위해 안간힘을 쓰던 카지미에쉬 1세(Kazimierz I Odnowiciel, 1039-1058)는 황폐해진 포즈나인을 떠나 폴란드 남부 지역에 위치한 크라쿠프(Krakow)로 수도를 옮기게 된다. 이때부터 500여 년간 크라쿠프는 폴란드의 왕도가 된다. 아 라스코는 폴란드 역사에서 중요한 이 두 도시에서 각각 부제와 사제의 직분을 수행하였다. 이는 그의 가문이 가지고 있던 종교적·정치적 영향력을 보여주는 것이다.

이후 200여 년 동안 왕위 계승 과정에서 폴란드는 여러 공국으로 나뉘어 분열과 대립을 반복하며 쇠락하였다. 특히 13세기, 튜턴 기사단의 등장은 이후 오랫동안 폴란드를 괴롭히게 되는 악몽의 시작이었다. 당시 폴란드 북동부 지역에 자리잡고 있던 프루시족은 지속적으로 폴란드 땅을 침입하고 약탈하며 폴란드 사람들을 괴롭혀왔다. 당시 가장 고통받던 마조프셰 지역을 다스리던 콘라트 1세(Konrad I Mazowiecki, 1241-1243)는 튜턴 기사단을 불러들여 프루시족을 제압하려 했지만 이 선택은 여우를 피하기 위해 호랑이를 불러들이는 최악의 결과를 낳게 된다.

독일인 기사로 구성된 튜턴 기사단(정식 명칭은 '예루살렘의 성모 마리아를 위한 독일 기사단', Ordo fratrum domus Sanctae Mariae Teutonicorum Ierosolimitanorum)은 12세기 말 팔레스타인의 십자군 국가와 기독교 순례자들을 이슬람 세력으로부터 보호하기 위해 결성되었다. 그러나 시간이 흐르면서 이들의 활동은 기독교 수호에서 자신들의 이권을 쟁취하는 것으로 변질되었다. 이러한 속사정을 살피지 못한 콘라트 1세는 헤움노(Chelmno) 지역을 튜턴 기사단에게 내어주며 프루시족을 정복해줄 것을 요청한다. 콘라트의 계획과 기대대로 튜턴 기사단은 프루시족에 대한 원정을 성공적으로 완수했지만 정복한 땅 프로이센 지역에 자신들만의 성을 세워가면서 스스로 주인이 되어버렸다. 독일로부터 계속해서 새로운 기사들을 끌어들였고, 농민들도 이주시켜 이 지역에 대한 지배를 공고하게 하였다. 결국 폴란드 북동부에는 강력한 군사력을 지닌 튜턴 기사단 국가가 세워졌다.

도약의 발판을 마련하다

긴 분열의 시간이 지나고 1320년, 브와디스와프 1세(Władysław I Lokietek, 1306-1333)가 비로소 통일된 폴란드의 왕으로 즉위하게 된다. 그러나 폴란드는 통일에 반대하던 주변국들인 브란덴부르크 변경백국(Markgrafschaft Brandenburg)과 튜턴 기사단, 체코의 계속되는 위협과 침략 아래 놓이게 된다. 그러다가 대를 이어 즉위한 카지미에쉬 3세(Kazimerz III Wielki, 1333-1370)의 치세 때 비로소 안정을 찾게 된다. 카지미에쉬 3세는 폴란드 역사에서 유일하게 대왕(Wielki, 비엘키)이라 불리는 훌륭한 왕이었다. 외부의 침입을 막기 위해 수십여 개의 성을 쌓았으며, 외교적인 노력도 아끼지 않았다. 그리하여 이 시기 폴란드의 영토는 크게 확장되었다. 또한 그는 사법체계를 정비하였고, 화폐 유통을 통해 경제 부흥을 이끌었으며, 내부적으로는 가난한 농민들을 보호하고, 도시가 발전할 수 있도록 여러 가지 특권을 부여하였다. 그리고 이때 폴란드 최초의 대학교가 크라쿠프에 세워졌다(1364). 그러나 이러한 안정의 시대도 잠시였다. 자식이 없던 카지미에쉬 3세를 이어 그의 조카인 헝가리 왕 루드비크(Ludwik Wegierski, 1370-1382)가 12년간 폴란드를 통치하였다. 루드비크 왕의 서거 후 잠시의 논란 끝에 1384년 폴란드 왕위를 계승한 것은 그의 딸인 11세의 야드비가 여왕(Jadniga Andegaweńska, 1373-1399)이었다. 어린 여왕 야드비가의 대관식과 동시에 폴란드 사절단은 리투아니아의 대공 야기에우워(Jagiełło)와 협상에 나섰다.

헝가리 왕 루드비크

폴란드의 북동쪽에 위치한 리투아니아는 12세기까

지만 해도 이웃한 폴란드나 모스크바 대공국에 비해 여러 면에서 뒤처져 있었다. 여전히 이교신앙을 신봉하며 주변 지역을 약탈하는 것으로 나라를 유지하였다. 그러나 13세기로 접어들면서 리투아니아의 세력이 점차 확장되기 시작하였다. 리투아니아의 성장은 이웃한 폴란드에게는 튜턴 기사단에 이은 또 다른 부담이었다. 한편 리투아니아의 입장에서도 튜턴 기사단의 존재는 커다란 위협이었다. 특히 튜턴 기사단이 아직까지 가톨릭 신앙을 받아들이지 않은 리투아니아를 물리치는 것을 자신들의 대의명분으로 주장하면서 서유럽에서 많은 기사들이 리투아니아와 싸우기 위해 계속해서 모여들고 있었다. 이러한 상황 속에 양국의 이해가 맞아 떨어진 결정적 사건이 바로 리투아니아 대공인 야기에우워와 야드비가의 결혼이었다. 야드비가 여왕이 즉위한 그해, 폴란드와 리투아니아 사이에 협약이 맺어졌다. 리투아니아가 가톨릭 신앙을 받아들이는 것을 조건으로 리투아니아의 야기에우워 대공이 폴란드의 야드비가 여왕과 결혼함과 동시에 폴란드 왕위를 계승하기로 한 것이다. 이 혼약을 통해 1386년 폴란드와 리투아니아의 연합이 시작된다. 피아스트 왕조에 이어 폴란드-리투아니아의 연합 왕조인 야기에우워 왕조가 탄생한 것이다. 이후 폴란드-리투아니아 공화국의 최대 영토는 오늘날의 폴란드, 리투아니아, 우크라이나, 체코와 헝가리의 일부 지역, 프러시아와 발트해 3국을 모두 포함하게 된다.

1386년 크라쿠프의 바벨 성에서 브와디스와프 2세 야기에우워(Wladyslaw II Jagiełło, 1386-1434)의 결혼식과 대관식이 동시에 거행되었다. 야기에우워 왕은 1410년 그룬발트 전투(Grunwald)에서 튜턴 기사단을 격파하며 폴란드의 황금시대의 시작을 열게 된다. 이후 브와디스와프 3세를 거쳐 그의 동생인 카지미에쉬 4세(Kazimierz IV Jagiellonczyk, 1447-1492)는 튜턴 기사단과의 13년 전쟁(1454-1466)에서 결정적으로 승리하였다. 이로 인해 발트해로 통하는 길이 열리게 되면서 중부 유럽의 곡창 지대를 장악한 폴란드의 국력은 비약적으로 성장하였다.

1492년부터 카지미에쉬 4세의 아들들이 연달아 왕위에 오르게 된다. 먼저 왕위를 계승한 얀 1세 올브라흐트(Jan I Olbracht, 1492-1501)는 몰도바 원정에 실패하며 9년의 짧은 통치 끝에 42

1410년 그룬발트 전투

세의 젊은 나이에 생을 마감하였다. 이후 리투아니아를 통치하고 있던 동생 알렉산데르(Aleksander Jagiellonczyk, 1501-1506)가 폴란드 왕좌에 앉았으나 그 역시 5년의 통치 끝에 세상을 떠났다. 그리고 뒤를 이은 지그문트 스타리와 지그문트 아우구스트의 시대를 폴란드의 황금기라고 부른다. 아 라스코의 생애는 바로 이 황금기와 함께 하였다.

폴란드의 황금시대

지그문트 1세 스타리(Zygmunt I Stary, 1506-1548)의 24년간의 통치 아래 폴란드는 역사상 최고의 전성기를 누리게 된다. 이제는 폴란드의 적수가 될 수 없게 된 튜턴 기사단의 단장 알브레히트 호엔촐레른(Albrecht von Preussen, 1490-1568)이 종교개혁을 받아들이고 루터교로 회심하면서 튜턴 기사단을 해산하였다. 그의 통치 지역은 세속 공국인 프로이센이 되었다. 1525년 알브레히트 대공은 크라쿠프에서 지그문트 1세에게 무릎을 꿇고 충성을 맹세하였다. 이렇게 주변국의 위협이 사라지면서 폴란드의 번영이 시작되었다. 폴란드의 광대한 대농장에서 생산된 농작물이 강을 통해 그단스크(Gdansk)로 옮겨졌고, 이곳에서 다시 서유럽으로 수출되었다. 수공업이 발달하고 대외무역이 번창하면서 도시들이 성장하였다. 또한 학문과 문화도 발전하였고, 설립된 지 100년이 지난 크라쿠프 대학교는 세계적 명성을 자랑하였다. 지동설을 주장한 코페르니쿠스(Nicolaus Copernicus, 1473-1543)와 같은 뛰어난 학자들이 폴란드에서 활동하였다. 동시에 폴란드 학생들은 이탈리아 등지의 서유럽 명문 대학들로 유학을 떠나기도 했다.

지그문트 1세 스타리

지그문트 1세의 시대 폴란드에서는 로마 가톨릭이 확고하게 자리를 잡고 있었다. 종교개혁의 바람은 독일을 건너 폴란드에도 전해졌으나 지그문트 1세는 이러한 변화가 자신의 나라에 혼란으로 이어지는 것을 염려했다. 반면 종교개혁을 강하게 탄압하여 스스로 분란을 일으키려는 마음도 없었다. 스스로 경건한 신앙인이었으나 그에게는 자신의 왕권과 나라를 지키는 것 역시 중요한 과제였다. 폴란드 내부의 정치 구조 역시 이러한 모호함을 뒷받침했다. 폴란드의 왕은 강력한 왕권을 가진 절대군주가 아니었다. 폴란드의 왕권은 귀족들의 동의를 통해 세워진 것이었다. 폴란드의 지배층은 귀족들과 고위 사제들로 이루어져 있었다. 오랜 기간 각 지역을 지배하던 귀족들은 자신들의 특권과 권위를 인정받았다. 또한 중세 유럽 사회의 일반적인 모습과 같이 로마 가톨릭교회의 고위 사제 계급이 또 다른 지배층으로 자리잡고 있었다. 당시 폴란드에는 두 명의 대주교와 13명의 주교가 있었고, 이들은 자신의 종교적 권위를 누리고 있었다. 대다수 주민들은 농노였으며, 이들은 영주들에게 귀속된 재산과 같았다. 귀족과 농노 사이에 독특하게 자리잡은 계층은 각지에 흩어진 도시에 거주하던 독일계 시민들이었다. 중세 십자군 운동을 전후로 폴란드로 이주해오기 시작한 독일인 이민자들은 폴란드 왕의 승인 아래 자치권을 인정받는 도시를 형성하며 무역과 상업에 종사하였다. 독일계 도시들은 마치 섬과 같이 폴란드 안에서도 자신들만의 언어와 제도, 문화를 유지했다. 이로 인해 폴란드 농민들과 도시민들은 서로 융합되지 못하였다. 각각의 계층이 자신들의 세계 안에 머무르고 하나로 온전히 통합되지 못하면서 중부 유럽의 대국인 폴란드의 강력한 잠재력이 온전히 발휘되지 못하였다.

10세기, 미에슈코 1세 시대에 로마 가톨릭 신앙을 받아들인 이후 오늘날까지도 가톨릭교회는 폴란드의 주도적인 종교로 이어지고 있다. 중세 폴란드에서는 종교적인 관용이 일반적으로 인정되었다. 당시 폴란드는 그 광대한 영토만큼이나 다양한 민족으로 구성되어 있었다. 슬라브 민족이 대다수를 차지하였으나 사방으로 트인 지리적 특성으로 인해 사방에서 인구가 유입되었다. 이와 함께 그리스 정교회, 유대교, 이슬람에 이르기까지 다양한 종교가 폴란드 안에 자리잡게 되었다. 앞서 설명한 것과 같이 독일계 이주자들이 있었으며, 체코, 헝가리의 일부 지역과 러시아의 서부 지역 등이 역사의 흐름에 따라 폴란드에 유입되었다 빼앗기기를 반복하면서 민족의 혼합이 이루어졌다. 옛 카자르 제국으로부터 유입되기 시작한 다수의 유대인들도 폴란드 영토 내에 자리잡고 있었다. 당시 유대인들은 로마 가톨릭교회로부터 핍박받고 있었으나 폴란드 내에서는 이러한 압박이 덜하였다. 이러한 관용은 상당 부분 정치·경제적인 고려에 따른 것이기도 했다.

지그문트 1세의 뒤를 이어 1548년 왕위에 오른 지그문트 2세(1548-1572)는 강성한 나라를 지켜나가기 위해 노력했다. 특히 폴란드와 리투아니아의 연합을 지속시키기 위해 많은 노력을 기울였다. 이러한 노력의 결과 1569년 루블린(Lublin)에서 폴란

지그문트 2세 아우구스트

드와 리투아니아의 공동의회가 소집되었고, 이제까지 하나의 왕에 의해 통치되는 느슨한 연합의 형태로 이어오던 두 나라를 하나의 나라로 통합하기로 결의하였다. 폴란드-리투아니아 공화국이 탄생한 것이다. 지그문트 2세는 왕위를 계승할 후계자를 남기지 못했다. 그리하여 야기에우워 왕조 최후의 국왕인 지그문트 2세 아우구스트(Zygmunt Ⅱ August, 1520-1572)가 1572년 사망한 이후 3년간의 공백기 동안 귀족계급이 왕권을 제약하는 일종의 입헌 군주제와 귀족들이 국왕을 선출하는 선거 군주제(elective monarchy)를 수립하게 된다. 1573년 폴란드-리투아니아 공화국의 중심부에 위치한 바르샤바(Warsawa)가 새로운 왕을 뽑는 장소로 선정되었고, 이후 1596년에 수도를 크라쿠프에서 바르샤바로 옮기게 된다.

지금까지 낯설고 먼 나라 폴란드 역사의 큰 흐름을 살펴보았다. 폴란드가 가장 빛난 역사의 순간은 바로 종교개혁의 외침이 온 유럽으로 퍼져 나가던 16세기였다. 그리고 바로 이때, 종교개혁자 아 라스코가 그곳에 있었다.

아 라스코의 어린 시절

차가운 겨울 바람이 잠잠해지고 폴란드의 풍요로운 평원에 봄 기운이 스며 들던 어느 날, 라스크 집안이 대대로 지켜온 성안에서 우렁찬 아기 울음소리가 터져 나왔다. 자신의 방에서 초조하게 아내의 출산을 기다리던 라스크의 영주 야로스와프(Jaroslaw a Lasco, 1393-1523)는 울음 소리를

라스크 가문의 문장

들고 안도의 한숨을 내쉬었다. 태어난 아이는 그의 둘째 아들이었다. 자연스레 아이의 이름은 요한이 되었다. 출산 전부터 그는 아들이 태어나면 자신의 형의 이름을 전해주려고 생각했다. 가톨릭교회의 주교이기에 자녀가 없는 형도 분명 만족해하리라. 폴란드의 유력자인 삼촌 요한은 어린 요한이 자라나는데 든든한 후견인이 되어줄 것이다. 축복과 기대 가운데 태어난 이 아이가 우리가 앞으로 살펴볼 종교개혁자 요하네스 아 라스코이다.[6]

---

[6] 이 책의 주인공인 종교개혁자 요하네스 아 라스코의 성장과정을 다루는 데 빼놓을 수 없는 인물이 그의 삼촌인 그니에즈노 대주교 요하네스 아 라스코이다. 이름이 같은 두 인물을 구분하기 위해서 이어지는 글에서는 삼촌인 대주교 아 라스코를 대주교 요한으로, 종교개혁자 아 라스코는 조카 요한 혹은 젊은 요한으로 부르려고 한다.

대주교 요한

라스크 성은 어린 요한과 가족들에게 든든하고 편안한 집이었다. 요한과 형제자매들은 성안에서 가정교사를 통해 귀족 자제로서 갖추어야 할 소양을 교육받았고, 라틴어를 비롯한 언어를 배웠다.

어느새 소년이 된 요한이 이제껏 자신이 경험한 세계의 전부였던 라스크 성의 바깥을 동경하기 시작하던 무렵, 크라쿠프에서 기쁜 소식이 들려왔다. 삼촌 요한(Johannes a Lasco, 1456-1531)이 그니에즈노의 대주교가 되었다는 것이다. 당시 그니에즈노의 대주교는 곧 폴란드의 최고 종교지도자를 의미했다. 대주교가 되기 이전에도 이미 요한은 왕국의 재상 자리에 앉아 있던 막강한 실력자로, 얼마 전 즉위한 지그문트 왕의 신임을 받고 있었다. 이제 대주교 자리에 앉게 되면서 정치권력뿐 아니라 교회권력까지 함께 움켜쥐게 된 것이다. 자녀가 없는 그는 조카들의 교육을 자신이 책임지기로 했다. 그리하여 라스코 집안의 앞날을 밝힐 제롬(Hieronymus Laski, 1496-1542)과 요한, 스타니슬라스(Stanislas Laski, ?-1550) 3형제는 크라쿠프에 머물면서 든든한 삼촌의 후원으로 최고의 교육을 받게 된다.[7] 앞으로의 출세를 위한 성공의 사다리 위에 첫발을 내디딘 것이다. 아버지의 바람에 따라 큰형인 제롬과 막내 스타니슬라스는 외교관이자 고위 관료로서 경력을 쌓아갔고, 둘째 아들 요한은 자신과 같은 이름을 가진 삼촌의 뒤를 이어 성직자로서의 길을 걷게 된다.

크라쿠프에서

삼촌의 부름을 받고 나선 길은 세 아이에게 신선한 즐거움이었다. 고향인 라스크는 폴란드 중부의 농촌 지역이었다. 영주 아들들로 부족함 없이 자라났지만 그들에게 세상은 라스크 성과 가까운 주변의 시골 풍경이 전부였다. 막 십대에 접어든 사내 아이들에게 새로운 세상을 접한다는 것은 그 자체로 신나는 모험이지 않은가. 당시 폴란드의 수도였던 크라쿠프의 성문에 들어서면서 세 소년은 이제까지와는 전혀 다른 세상으로

---

[7] 형제들의 나이에 대해서는 다소 이견이 있다. 달톤(Dalton)은 순서대로 제롬, 요한, 막내 스타니슬라스라고 기술하고 있지만, 도비뉴(D'Aubigné)는 스타니슬라스가 첫째였고 요한이 막내였다고 말한다. J. H. Merle d'Aubigné, *History of the Reformation in Europe in the Time of Calvin*, 8 vols., vol. 7 (New York: Carter, 1863), 529-530. 이 글에서는 달톤의 견해에 따르기로 한다.

크라쿠프의 바벨 성과 궁전

나아왔다는 것을 실감하게 되었다.

16세기 초 크라쿠프는 당시 유럽의 어떤 도시와 비교해도 뒤지지 않을 웅장함과 아름다움을 자랑하였다. 1333년 즉위한 카지미에쉬 3세(Casimir the Great)의 손에 맡겨진 폴란드는 분열과 전쟁으로 황폐해져버린 땅이었으나 후대에 대왕이라 칭송받게 되는 카지미에쉬는 자신의 통치기를 거치면서 폴란드 영토를 세 배 이상 확장시켰다. 군사적 혼란을 극복해냈고, 국내의 법규와 제도가 정비되었다. 수도 크라쿠프의 변화는 카지미에쉬의 성공적인 통치를 상징적으로 보여준다. 카지미에쉬 대왕 이전의 크라쿠프가 나무와 흙으로 세워진 도시였다면, 그의 통치 이후에는 부강해진 국력을 바탕으로 견고한 성벽

안에 유려한 석조 건축물들로 가득 채워진 도시가 되었다.[8] 이후 경제 중심지로 자리매김한 크라쿠프의 발전은 계속되었다. 크라쿠프에 정착한 독일계 이주민들은 무역을 통해 부를 축적하였고, 크라쿠프를 중심으로 화려한 도시 문화를 이루어냈다. 아 라스코와 형제들이 처음으로 크라쿠프에 들어서던 16세기 초는 이 도시의 최고 전성기였다.

대주교 요한은 가문의 미래를 책임질 조카들의 교육을 위해 최고의 환경을 준비하였다. 뛰어난 가정교사들이 대주교의 저택에 머물면서 아 라스코 형제들의 교육을 책임졌다. 이탈리아에서 시작된 인문주의는 폴란드에도 전해졌다. 이미 14세기부터 귀족 자제들은 외국에서 유학하며 다양한 학문의 발전과 문화적 결실을 직접 습득하였고, 문화적 가교의 역할을 담당하였다. 16세기에는 폴란드 안에서도 인문주의가 꽃을 피우고 있었다. 귀족들은 당시의 국제어이자 교양어인 라틴어와 그 밖의 고전어, 고전 문학 등에 능숙하도록 교육받았다. 아 라스코 형제들 역시 같은 과정을 거쳤다. 소년들이 머물던 대주교 저택은 그 자체로 최상의 교육 장소였다. 각국의 외교 사절들이 폴란드의 권력자인 대주교 요한을 만나고자 방문하였다. 교회와

---

8) Hermann Dalton, *John a Lasco: His Earlier Life and Labours: A Contribution to the History of the Reformation in Poland, Germany, and England*, trans. Maurice J. Evans (London: Hodder and Stoughton, 1886), 38.

국가의 중대사에 대해 논의하는 모임이 일상적으로 있었다. 이곳에서 아 라스코 형제들은 앞으로 자신들이 서게 될 자리를 직접 볼 수 있었다.

당시 폴란드에서는 미래가 촉망되는 소년들을 외국의 명문대학으로 유학 보내는 것이 유행하고 있었다. 그렇다고 폴란드의 교육 수준이 열악했던 것은 결코 아니다. 폴란드에는 이미 1364년 카지미에쉬 3세의 통치기에 설립된 폴란드 최초의 대학교인 크라쿠프 대학이 있었다. 중간에 잠시 문을 닫았던 크라쿠프 대학은 야기에우워 왕이 즉위한 후 야드비가 왕비의 유언에 따라 1400년에 다시 문을 열게 되었다. 이후 야기에우워 왕은 예술과 학문에 대한 지원을 아끼지 않았다. 현재 크라쿠프에 있는 대학교는 이 왕의 이름을 따서 야기에우워 대학교(Uniwersytet Jagiellonski)라 불린다. 아 라스코 당시에도 크라쿠프 대학은 명성을 떨치고 있었다. 그러나 귀족들은 가문의 미래를 책임질 아들들이 파리나 볼로냐 혹은 파두아와 같은 외국 대학에서 공부를 마무리하기 바랐다. 크라쿠프에서 앞으로의 학업에 대한 준비를 마친 라스코 형제들 역시 자연스럽게 당시 유명세를 자랑하던 외국의 대학들로 시선을 옮기게 되었다. 최종 목적지는 전적으로 삼촌인 대주교 요한의 결정에 맡겨져 있었고, 대주교의 공적인 업무와 연결되면서 자연스럽게 결정되었다.

1512년 2월, 크라쿠프는 폴란드의 지그문트 왕과 헝가리의 바바라 공주의 결혼식으로 떠들썩한 분위기였다. 때마침 로마 교황의 친서를 가지고 온 사절단이 도착하여 결혼식을 축하하였다. 그들의 방문 목적은 단순한 축하에만 있지 않았다. 교황 율리우스 2세(Pope Julius II, 1433-1513)는 로마의 라테란 대성전에서 소집될 제5차 라테란 공의회(Fifth Council of the Lateran, 1512-1517)에 폴란드 대표들을 보내줄 것을 요청하였다. 지그문트 왕은 이 요청을 수락하였고, 그니에즈노 대주교 요한을 대표로 한 사절단을 로마로 파견하게 된다.

종교개혁 이전의 몇 세기 동안 기독교회 내부에서는 강력한 교황권을 지지하는 세력과 교황의 권한을 공의회로 분산하려는 세력 간의 대립이 계속되어왔다. 공의회주의자들은 기독교회 안에서 최고의 권위가 교황이 아닌 공의회에 있음을 주장하였고, 콘스탄츠 공의회(1414-1418)와 바젤-페라라-피렌체 공의회(1431-1449) 등을 통해 교황권을 축소하려는 시도들을 이어갔다.

한편 교회의 타락, 특히 성직자들의 부패와 질적 하락에 대한 우려와 비판의 목소리도 거세어졌다. 이러한 상황 가운데 1503년 선출된 교황 율리우스 2세는 교황권을 강화하는 데 힘을 쏟았다. 교황청의 재정 적자를 해소하는 데 앞장섰으며, 직접 전장에 나서기도 했다. 따라서 교황에 반대하던 추기경들은 교황과 대립하고 있던 프랑스 왕 루이 12세의 지원 아래 1511년 피사에서 교황을 견제하기 위한 공의회를 소집하였다. 이에 맞서 율리우스 2세는 피사 분파회의에 앞서 1511년 7월 18일에 다음해인 1512년 4월 로마의 라테란 성당에서 공의회를 개최한다고 발표한다. 이후 제5차 라테란 공의회는 1517년 3월 16일까지 만 5년 동안 12회기에 걸쳐서 진행되었고, 교황권 강화와 교회 개혁에 대한 여러 안건이 결의되었다. 교황 측 군대와의 전투에서 패배한 이후 프랑스 왕 루이 12세는 피사 회의에 대한 지지를 철회하였고, 둘로 나뉘어 있던 교회회의는 제5차 라테란 공의회를 합법적인 공의회로 인정하는 것으로 정리되었다.

그러나 종교회의를 통한 개혁의 시도는 당시 교회에 요구되고 있던 보다 깊이 있는 개혁 요구를 온전히 반영하지 못하였다. 주교 선출이나 교회의 재산, 성직자의 부정 부패 등의 문제들이 안건으로 다루어졌지만 구체적인 개혁의 실행으로 이어지지 못했다. 다만 흔들리던 교황권이 어느 정도 안정되었다는 것에 의의를 둘 수 있을 것이다. 결국 제5차 라테란 공의회가 폐회한 후 7개월이 지나 독일 비텐베르크 교회 정문에 마틴 루터의 95개 명제의 개혁안이 내걸리게 되었고, 루터를 필두로 한 종교개혁자들에 의해서 본격적으로 종교개혁이 시작되게 된다.

로마와 볼로냐 그리고 파두아

대주교이자 수상 요한은 폴란드의 국내외 현안들을 처리하느라 시간을 내기가 쉽지 않았고, 왕 또한 사절단 파견을 서두르지 않았다. 대주교의 사절단은 한 해가 지나 1513년 봄이 되어서야 크라쿠프를 떠나 길을 나설 수 있었다. 대주교는 이번 여정이 조카들의 교육에도 좋은 기회가 될 것이라고 생각했다. 제롬과 요한, 두 조카는 그의 감독 아래 이탈리아의 대학에서 학업을 진행할 수 있을 것이었다. 아직 열두 살의 어린 나이인 막내 스타니슬라스를 부모에게 돌려보낸 후 대주교는 두 조카를 포함한 사절단과 로마로 향했다. 베니스를 거쳐 로마에 도착한 대주교 요한은 1513년 6월 17일, 라테란 공의회의 일곱 번째 회기부터 참석할 수 있었다. 율리우스 2세의 선종으로 새로이 교황으로 선출되어 공의회를 주관하고 있던 레오 10세(Pope Leo X, 1475-1521)는 폴란드의 대주교를 환영하였다. 로마에 머무르는 동안 요한은 교

교황 레오 10세

황의 측근에서 활동하게 된다.

삼촌이 국제 외교 무대에서 활동하는 동안 아 라스코 형제는 로마의 새로운 환경 가운데 학업을 이어가게 된다. 대주교 요한은 조카들이 로마에서 공부하는 것만으로 만족하지 못했다. 당시 이탈리아의 볼로냐 대학은 프랑스 파리의 소르본 대학과 더불어 최고의 명성을 자랑하고 있었다. 특히 교회법 분야에서 탁월함을 인정받았다. 그는 조카들을 볼로냐 대학에서 공부시키기로 결정하였다. 1514년 가을, 아 라스코 형제는 로마를 떠나 볼로냐의 새로운 거처에 자리를 잡고 가정교사와 함께 지내며 학업을 이어가게 된다. 한편 폴란드의 재상이기도 한 대주교 요한은 오랜 시간 고국을 떠나 있을 수 없었다. 조카들이 볼로냐로 떠난 다음해인 1515년 8월, 그는 성공적인 로마에서의 활동을 정리하고 크라쿠프로 돌아왔다. 이제 막 새로운 학교에서 공부를 시작한 아 라스코 형제는 볼로냐에 남게 되었다. 삼촌 요한은 조카들을 위해 충분한 재원을 로마의 은행에 맡겨 두었고, 서신과 인편을 통해 수시로 연락을 주고받으며 관심을 놓지 않았다.

당시 볼로냐 대학은 교회법과 로마법을 가르치는 두 개의 법학부와 철학, 의학을 가르치는 인문학부 그리고 교황 이노센트 6세(Innocent VI, 1282-1362)에 의해 설립된 신학부로 이루어져 있었다. 이곳에서 요한은 인문주의 공부를 이어갔고, 교회법과 신학 수업에도 참여하였다. 그러나 볼로냐에서의 공부가 만족스럽기만 했던 것은 아니다. 르네상스를 통해 빛을 발하기 시작한 고전 문화에 대한 열망은 학문의 전 영역으로 확장되었다. 성경의 원어에 대한 관심과 초대교회의 신학적 전통에 대한 열망은 나날이 커져 갔지만 볼로냐 대학을 비롯한 유서 깊은 신학부들은 아직까지 중세 스콜라주의의 틀 안에 갇혀 있었다. 이탈리아의 무더운 날씨도 아 라스코를 힘들게 했다. 그래서 1516년에는 무더위를 피해 북쪽 지방으로 여행을 다녀오기도 했다. 볼로냐를 떠난 후 1년 동안 파두아(Padua)에서 공부를 이어간 아 라스코는 1519년 이제 스무 살의 청년이 되어 고향 폴란드로 돌아오게 된다.

한편 볼로냐에서의 공부가 마무리되던 때, 젊은 요한은 뜻하지 않은 어려움에 부딪히게 되었다. 로마교회에서 파문(excommunication)을 당하게 된 것이다. 당혹스럽게도 파문의 이유는 빚을 갚지 못했다는 것이었다. 다행히 사건의 전말은 이내 밝혀졌다. 당시 요한의 사촌인 마틴(Martin Rambiewski) 역시 로마에서 유학하고 있었는데, 로마에서 향응을 즐기고 사치품을 사기 위해 돈을 탕진하고서 요한의 이름을 사칭하여 거액을 빌린 후 이를 갚지 못한 것이었다. 이 일에 대해 아는 바가 전혀 없던 요한은 억울하게도 사촌의 채무를 뒤집어쓰게 되었으나 삼촌이 빚을 갚아주어 일이 정리되었다. 요한에게는 다행스럽게도 당시 로마에서는 크고 작은 여러 사건의 해결을 위해 교회에서 파문형을 남용하였고, 사건이 정리된 후에는 어떤 불이익이나 오명을 남기지 않고 대수롭지 않게 일을 마무리할 수 있었다.[9] 뜻하지 않은 사고에 휘말리기도 했지만 볼로냐에서의 시간을 통해 소년 아 라스코는 가톨릭교회의 성직자로서 본격적인 경력을 쌓아나갈 발판을 다지게 되었다.

가톨릭 성직자의 길을 걷다

16세기 당시 폴란드 가톨릭교회의 주교구는 그니에즈노, 포즈나인, 크라쿠프, 브로츠와프(Wroczlaw), 코우오브제크(Kolobrzeg) 등이 있었다. 그중에서도 그니에즈노는 폴란드 최초의 대주교구가 되었고, 이후 오늘날까지 그니에즈노 대주교는 곧 폴란드 교회의 수장으로 인정받는다. 제5차 라테란 회의에 참석하기 위해 로마를 방문한 아 라스코 대주교는 교황의 신임을 얻으며 국제 무대에서 명성을 얻게 된다. 교황의 신임에 대한 증표로 주어진 선물 중 최고의 것은 그니에즈노 대주교좌가 교황 특사(legatus natus)로 임명된 것이다. 대주교인 아 라스코 개인뿐만

---

9) Ibid., 76-78.

아니라 이후에라도 그니에즈노 대주교직을 수행하는 이는 교황 특사의 특권을 가지고 지역 교회를 대표하며 교황이나 국가의 통치자들 앞에 설 수 있었다. 대주교로 인해 폴란드 교회 전체의 권위가 높아진 것이다.

폴란드 교회의 지도자로서 최고의 명예와 힘을 갖게 된 대주교 요한의 관심은 자신의 뒤를 이어받게 될 젊은 조카 요한에게 향하였다. 자신과 같은 이름을 가지고 있는 조카가 대주교직을 계승한다는 것은 자신에게도 큰 기쁨이며 향후 라스코 가문에도 더할 나위 없는 명예가 될 것이다. 조카는 충분한 자질을 갖추고 있었다. 로마에서 돌아온 후 대주교는 그동안의 교육 과정을 거쳐 이제 자신의 조카가 성공을 향한 계단에 본격적으로 발을 내디딜 때가 되었다고 판단했다. 조카 요한이 아직 볼로냐에서 공부 중이던 1517년, 대주교는 그에게 웽치차(Leczyca)의 의전사제직(canonicus)을 맡겼다. 요한의 아버지 야로스와프는 1506년부터 이 지역의 영주였으나 라스코 부자 모두 이곳에 거주하지는 않았다. 1517년이 지나기 전, 보다 높은 지위가 요한에게 더해졌다. 삼촌이 대주교로 있던 그니에즈노의 부교구장(Episcopus Coadjuto)으로 임명된 것이다. 또 같은 해, 교황 레오 10세는 라스코의 어깨 위에 웽치차의 관리인 자리(Custodianship)와 더불어 크라쿠프와 플록(Plock)의 의전사제직을 더하였다. 이로써 성직자로서 경력의 첫걸음을 내딛게 된 10

대 소년에게는 넘치도록 충분한 직분들이 보장되었다. 물론 이러한 특혜는 개인의 능력만으로 얻어낼 수 있는 것이 아니었다. 삼촌인 대주교의 권력과 더불어 교황과 로마의 고위 성직자들에게 전달된 돈의 힘이 만들어낸 결과였다. 독일의 비텐베르크에서 마틴 루터에 의해 95개조 반박문이 내걸리며 종교개혁의 불꽃이 본격적으로 타오르기 시작할 때, 폴란드의 고귀한 혈통에서 태어난 십대의 아 라스코는 로마 가톨릭교회의 성직매매 관행의 혜택을 누리고 있었던 것이다.[10]

젊은 요한에게 주어진 여러 직분은 곧 많은 수입을 의미했다. 그러나 고위직에 걸맞은 화려한 삶과 넉넉한 씀씀이를 유지하기 위해서는 더 많은 수입과 더 높은 지위가 필요했다. 1521년 요한은 사제로 서품을 받게 되면서 그니에즈노 대교구의 의전사제에서 주임사제로 승격되었다. 같은 해 그는 교구 사제단의 대표 자격으로 페트르지코프(Petrikow)에서 열린 총회에도 참석하게 된다. 이러한 여러 성취는 앞서 말한 대로 삼촌인 대주교의 지원에 힘입은 바가 크다. 그러나 아 라스코 본인 역시 폴란드 고위층의 차세대 주자로서 충분한 역량을 인정받았다.

종교개혁은 루터를 통해 갑작스레 일어난 것이 아니다. 이

---

10) H. von Zeissberg, *Johannes Łaski, Erzbischof Von Gnesen (1510 - 1531) Und Sein Testament* (Gerold, 1874), 676.

미 오랜 시간 전부터 참된 교회로의 회복을 향한 수많은 외침이 이어져왔다. 위클리프(John Wycliff, 1333-1384)나 후스(Jan Hus, 1369-1415)와 같은 선구자들이 종교개혁의 여명을 밝히며 자신들의 삶을 헌신하였다. 15세기 후반부터 본격적으로 확산된 종교개혁의 바람은 국경을 지나 폴란드에도 불어왔다. 독일계 이주민들이 주축이었던 폴란드의 상업도시들은 독일의 사회·문화적 변화가 지체없이 전달되는 통로가 되었다. 종교개혁 역시 폴란드의 도시민들과 중소 귀족을 중심으로 확산되었다. 유럽의 다른 국가로 유학을 다녀온 귀족 자제들 또한 종교개혁의 수용에 일정 부분 기여하였다. 새로운 경험을 꿈꾸며 폴란드를 떠난 젊은이들에게 종교개혁은 지적으로나 영적으로 갈증을 채워주는 생수와 같았을 것이다.

그러나 교회의 변화와 개혁을 외치는 소리는 폴란드에서도 기존 권력의 강한 저항에 부딪히게 된다. 지그문트 1세는 자신의 왕국에서 이웃 나라들에서와 같은 종교적 소요가 발생하는 것을 원치 않았다. 따라서 종교개혁 사상을 담은 책들은 출판과 유통이 금지되었으며, 종교개혁을 이단으로 심판하는 종교재판이 진행되었다. 폴란드의 가톨릭교회 역시 이 같은 탄압에 적극 나섰다. 그 선두에는 교회의 대표자였던 대주교 요한이 있었다. 그는 1523년 10월 윙치차에서 폴란드 가톨릭 성직자들의 총회를 소집하였다. 이곳에서 교황 레오 10세의 칙

"주님 일어나소서"의 초판 표지

서인 "주님 일어나소서"(*Exsurge Domine*)[11])가 향후 폴란드 가톨릭교회가 이단을 정죄하기 위한 기준으로 채택되었다. 비록 이 총회의 참가자 명단에서 젊은 요한의 이름은 찾아볼 수 없지만 그가 삼촌과 다른 생각을 가지고 있었던 것 같지는 않다. 20대 중반의 나이에 고위 사제의 자리에 있던 젊은 요한 역시 다른 폴란드 고위 성직자들의 인식을 공유했다. 종교개혁은 이단의 가르침이며, 교회의 해악이 될 것이라 여겼다. 스데반이 순교하는 자리의 끝자락에 젊은 바울이 서 있었던 것처럼 폴란드에서 종교개혁을 탄압하는 시도들의 한편에 청년 아 라스코가 있었다. 아직 그의 시선은 종교개혁이 아니라 삼촌의 뒤를 이어 폴란드 교회의 최고 자리에 서는 것에 머물러 있었다.

---

11) 1520년 6월 15일 레오 10세는 루터의 종교개혁 주장에 대해 반박하는 41개 항목의 교황 칙서 "주님 일어나소서"를 공포하였다. 이듬해 1월에는 또 다른 칙서인 "로마 교황의 선언"(*Decet Romanum Pontificem*)을 발표하였고, 루터를 파문하였다. 그러나 교황의 강력한 반발과 공격에도 불구하고 루터의 종교개혁사상은 신성로마제국의 영토를 넘어서 북유럽 국가들까지 확산되었다.

2
전환점, 에라스무스와 기독교 인문주의

Chapter 02
전환점, 에라스무스와 기독교 인문주의

"내가 하나님의 거룩한 사역에 헌신하도록 인도해준 이가 바로 에라스무스입니다.
나에게 참된 기독교 신앙에 대해 처음으로 가르쳐주신 분입니다."

다시 외국으로

삼촌과 아버지의 바람대로 젊은 요한이 고위 성직자로서 성공의 계단을 착실하게 올라가는 동안 형인 제롬 역시 주위의 기대를 저버리지 않으며 점차 자신의 이름을 국내외에 알리고 있었다. 제롬은 아직 20대이던 1520년부터 지그문트 1세의 외교관으로 공직을 시작하였고, 이듬해에는 신성로마제국의 황제 카를 5세(Karl V, 1500-1558)의 궁정에서 대사로서 브뤼셀과 쾰른을 오가며 활동하고 있었다.

1523년 봄, 잠시 폴란드로 돌아와 있던 제롬은 얼마 지나지 않아 다시 프랑스를 향해 길을 나섰다. 지그문트 1세의 딸과 프랑스 왕자 앙리(후에 프랑스 국왕 앙리 2세)의 결혼을 추진하기 위해서였다. 크라쿠프를 떠나 외교 일선으로 복귀하는 제롬의 곁에는 요한과 스타니슬라스, 두 동생이 함께 있었다. 이탈리아 유학에서 돌아온 후 각자의 영역에서 활동하던 세 형제가 5년 만에 다시 한 번 함께 여행을 떠나게 된 것이다. 젊음의 열정이 한창이던 젊은 요한에게 사랑하는 형제들과 함께 떠나는 여행은 새로움에 대한 갈증을 채워주는 소중한 기회였을 것이다.

사람들은 누구나 자신이 바라는 성공을 이루기 위해 각자의 인생을 계획하며 살아간다. 그러나 하나님께서는 우리가 예상하지 못한 때, 생각지 못한 방법으로 우리의 인생을 인도하신다. 이것을 곧 '하나님의 섭리'라고 부른다. 아 라스코가 형제들과 함께 길을 나서며 계획하고 기대한 것은 무엇일까? 치열한 권력 투쟁의 현장에서 한 걸음 물러나 있기를 바랐을 수 있다. 또는 지난 수년간 열정적으로 성공의 사다리를 올라왔으니 잠시 한숨을 돌리고 다시 나아가기 위한 휴식을 기대했는지도 모른다. 그의 기대가 무엇이었든지 간에 폴란드 가톨릭 교회의 수장이 되어야 한다는 인생 계획에서 벗어나지는 않았을 것이다. 지금까지와 마찬가지로 앞으로도 그는 성공의 중심에 있어야 했다.

그러나 하나님께서 아 라스코에게 가지고 계신 계획은 그 자신이 꿈꾸던 것과는 전혀 달랐다. 지금까지 아 라스코의 길을 이끌어오신 하나님께서 이제 예상치 못한 여러 만남을 통해 그의 인생의 방향을 바꾸려 하신다. 1523년 말 크라쿠프를 떠나 파리로 향하던 일행은 잠시 스위스 바젤을 찾는다. 이곳에는 당시 위대한 인문주의자로 명성을 얻은 에라스무스가 머물고 있었다.

기독교 인문주의

16세기 유럽의 인문주의(Humanism)는 '아드 폰테스'(ad fontes, 원천으로)라는 잘 알려진 슬로건으로 특징지을 수 있다. 이것은 14세기 이후 이탈리아에서 등장한 르네상스의 방법론이기도 하다. 중세 후기에 등장한 인문주의는 그리스 로마의 고전연구를 통해 문화, 예술, 교육 등의 부흥을 이루기 위한 방법론 혹은 학문적 지향성으로 이해할 수 있다. 그렇기에 인문주의의 연구방법론이 성경과 기독교 신학에 적용될 때 이것은 중립적인 학문적 도구로서 기능하였다. 초기 이탈리아 르네상스가 고대 그리스와 로마의 문화적 유산을 회복하는 데 초점을 둔 문학과 예술의 부흥운동이었다면, 기독교 인문주의자들은 동일한 인문주의 방법론을 통해 초기 기독교회를 회복하

고자 했다.[12]

기독교 신앙은 하나님의 말씀인 성경에 기반하고 있다. 따라서 성경을 어떻게 읽고 해석할 것인가의 문제는 기독교 신앙의 본질과 직접 맞닿아 있다. 중세 가톨릭교회에서는 교회가 성경 해석의 최종적인 권위로 인정받았다. 성경에 의해 지지받는 참된 '진리'가 무엇인지를 결정할 수 있는 권위가 제도로서의 교회에 맡겨져 있었다. 그러나 인문주의 등장 이후 성경의 본문에 다가가기 위한 새로운 방법들이 제시되었고, 교회의 권위를 넘어서서 본문 자체의 권위를 강조하는 주장들이 나타나기 시작했다. 기독교 인문주의자들은 성경을 기독교 신앙의 원천으로 보았다. 이런 점에서 그러나 인문주의는 중세 스콜라주의에 대한 반발이기도 했다. 주로 전문 학자들이었던 기독교 인문주의자들은 스콜라주의 신학이 그리스도인들이 삶 속에서 부딪히는 실제적인 문제들에 대한 성경적인 대답을 주지 못한 채 지나치게 사변적인 논쟁에만 사로잡혀 있다고 비판하였다. 그러면서 성경 사본에 대한 신중한 연구를 통해 성경의 원문에 가

---

12) Richard Rex, 'Humanism', in: Andrew Pettegree, *The Reformation World* (London ; New York: Routledge, 2000), 51-72; William Roscoe Estep, *Renaissance and Reformation* (Grand Rapids, Mich.: Eerdmans, 1986), 44-58; Alister E. McGrath, *The Intellectual Origins of the European Reformation*, 2nd ed. (Oxford: Blackwell Pub., 2004), 45-58; Euan Cameron, *The European Reformation*, 2nd ed. (Oxford: Oxford University Press, 2012), 64-69.

까운 본문을 확정할 수 있다고 주장하였다. 이러한 주장은 이전까지 로마 가톨릭교회에 의해 권위 있는 본문으로 인정받던 라틴어 성경 번역본(the Vulgate)의 토대를 흔드는 것이었고, 여기에 근거해 수립되어온 중세 교회의 성경 해석과 교리의 정당성을 위협하는 것이었다. 이로써 인문주의는 신학적인 토대에서 중세 질서에 대한 중대한 도전이 되었고, 종교개혁의 중요한 동인 중 하나로 평가받을 수 있다.

초기에 기독교 인문주의와 종교개혁은 쉽게 구별되지 않았다. 기독교 인문주의자들은 로마 가톨릭교회의 전통을 넘어서서 성경 원문의 가르침을 찾아내고자 했다. 성경 연구에 대한 열정은 자연스레 성경적인 가르침에서 벗어난 로마교회의 잘못된 관습에 대한 개혁의 외침으로 이어졌다. 그래도 이러한 외침이 로마 가톨릭교회의 틀 안에서 수용 가능한 정도의 변화와 제도 개선을 요구하는 것에 머물러 있을 때까지는 기독교 인문주의와 종교개혁이 함께할 수 있었다. 그러나 16세기에 접어들며 종교개혁의 주장이 본격화되고 이에 대한 로마 가톨릭교회의 반발이 구체화되면서 성경의 가르침에 순종하는 변화를 외친 이들에게 선택의 순간이 다가왔다. 참된 교회에 대한 열정을 품은 종교개혁자들은 로마교회 안에 머물면서 성경과 신학을 연구하고 교회 제도를 비판하는 정도에서 적당히 타협할 수 없었다. 거센 탄압에도 불구하고 성경에 따라 참된 교회를 회복하기 위해 목숨을 걸고 헌신할 것인가(종교개혁), 그렇지 않으면 기존의 종교 전통을 존중하며 안전을 보장받는 비판적 지식인으로서 평안한 삶을 누릴 것인가(인문주의자)를 선택해야 했다. 기독교 인문주의자의 대표격이었던 에라스무스 역시 이 질문을 피할 수 없었다.

에라스무스는 일평생 로마 가톨릭교회의 성경적이지 못한 제도와 관습에 대해 일관성 있게 비판하였다. 그리하여 종교개혁으로 나아가는 사상적 기반을 마련하였다. 그러나 마침내 루터에 의해 종교개혁의 기치가 높이 들려졌을 때, 그는 광야로 나아가 싸우는 개혁자보다는 관용과 평화를 호소하는 학자의 자리를 지키고자 했다. 교회 권력에 대한 루터의 비판에는 동의하였으나 교회 개혁에 대한 루터의 열정이 에라스무스에게는 지나치게 과격한 것으로 비쳤다. 이로 인해 위대한 인문주의자 에라스무스는 열정적으로 교회의 개혁을 외치는 사람들에게 제2의 발람이라고 손가락질을 당했다.[13] 그러면서 동시에 로마교회의 완고한 수호자들 또한 에라스무스를 향한 의심의 눈초리를 거두지 않았다. 이렇게 로마 가톨릭교회와 종교개혁, 양쪽에서 공격이 쏟아지자 이를 피하기 위해 에라스무스가 택한 피난처는 스위스 바젤이었다.

---

13) Dalton, *John a Lasco*, 96.

첫 번째 바젤 방문

제롬이 동생들과 함께 에라스무스를 방문한 이유는 분명하지 않다. 파리로 가는 여정에 명성 높은 인문주의자를 동생들에게 소개시켜주고 싶었을 수도 있고, 혹은 제롬 스스로가 에라스무스와 오랜만에 인사를 나누고 싶었는지도 모른다. 두 사람은 브뤼셀에 있는 황제 카를 5세의 궁에서 폴란드 대사로 머무는 동안 이미 교류가 있었다. 아 라스코 형제들은 바젤에 오래 머물지는 않았지만 짧은 체류 기간 동안 주요한 인문주의자들과 종교개혁자들을 여럿 만날 수 있었다. 불 같은 성정으로 잘 알려진 프랑스 출신의 종교개혁자 기욤 파렐(Guillaume Farel, 1489-1565)은 종교개혁을 외치다 고국 프랑스에서 추방당했고, 아 라스코와 비슷한 시기에 바젤에 도착하였다. 종교개혁을 선명하게 주장하지 못하고 교황에 대한 신뢰를 버리지 않는 에라스무스를 당대의 발람이라고 공개적으로 비난하고 나선 것도 바로 파렐이었다.[14] 그의 눈에 에라스무스는 하나님의 뜻을 알면서도 제대로 전하지 않는 위선자로 보였다. 아 라스코는 파렐이 에라스무스와 논쟁한 후 바젤을 떠나기 전에 그를 만날 수 있었다. 또한 바젤의 개혁자 외콜람파디우스(Johannes Oecola-

---

14) Ibid., 98-100.

외콜람파디우스

mpadius, 1482-1531)를 처음 만나게 된 것도 바로 이때였다. 바젤에서의 여러 만남은 폴란드의 촉망받는 젊은 성직자 아 라스코에게 강렬한 인상을 남겼다. 이들과의 교제는 지금까지 그가 갇혀 있던 로마 가톨릭교회의 벽을 넘어서 참된 진리에 대한 외침을 듣게 해주었다. 물론 한순간에 아 라스코의 인생이 뒤바뀌게 된 것은 아니다. 여전히 그는 자신의 가문과 조국, 로마 가톨릭교회에 대한 충성을 지키고 있었다. 그러나 지금껏 그의 시야에 들어오지 않던 세상에 대해 이제 비로소 눈을 뜨게 된 것이다. 하나님께서는 이렇게 아 라스코를 향한 자신의 계획을 열어가셨다. 짧지만 인상적인 만남 후 아 라스코 형제는 바젤을 떠나 파리에 도착하게 된다.

파리에서

1524년 봄, 아 라스코 일행은 파리에 도착한다. 제롬은 이미 프랑스 왕 프랑수아 1세(King Francis I for France, 1494-1547)와 우호적인 관계를 유지하고 있었기에 그와 형제들은 프랑스 왕궁에서 환대를 받을 수 있었다. 재기 넘치던 막내 동생 스타니슬라스는 프랑수아 1세의 총애를 받아 이후에도 왕을 수행하며 그곳에 머물게 된다. 아 라스코 역시 자유롭게 왕궁을 드나들며 새로운 경험을 쌓을 수 있었다. 독일에서 시작된 종교개혁의 외침은 이미 프랑스 왕궁 안에서도 메아리치고 있었고, 아 라스코 역시 그 소리를 접할 수 있었다. 폴란드의 경우와 마찬가지로 프랑스 왕과 지배층 역시 종교개혁을 통해 자신들의 권력 기반이 흔들리는 것을 원치 않았다. 더욱이 오랜 기간에 걸친 교황과의 갈등 끝에 프랑스 영토 내에 있는 교회들의 서임권(성직자 임명권)을 획득하게 된 프랑수아 1세가 종교개혁을 마뜩잖게 여기는 것은 당연했다.[15] 그렇다고 해서 종교개혁에 대한

---

[15] 프랑스 왕은 오랜 시간 동안 자신의 왕국에서 서임권이 국왕에게 속해 있음을 주장해왔다. 로마 교황은 물론 이를 받아들이지 않았다. 프랑스 왕과 교황의 대립은 프랑스와 합스부르크가(신성로마제국) 사이의 갈등의 연장선에 있었다. 1515년 프랑스 군대가 마리냐노 전투(Battle of Marignano, 1515)에서 승리하면서 교황은 프랑스 왕의 압박을 더 이상 견딜 수 없게 되었다. 결국 1516년 교황 레오 10세와 프랑수아 1세 사이에 볼로냐 조약(Concordat of Bologna)이 체결되었다. 조약에 따라 형식상 프랑스 영토 내 가톨릭교회의 수입에 대해서는 교황이 권한을 행사할 수 있었으나, 서임권과 성직자들에게 십일조를 걷어 들일 권한 등은 프랑스 왕에게 귀속되었다. 프랑스 국왕이 자신의 영토 안에 있는 교회들(Gallican Church)의 실질적인 수장이 된 것이다. 그 대가로 프랑수아 1세는 교황권이 공의회에 종속되어 있다는 공의회주의자들을 더 이상 지원

전면적인 박해에 나선 것도 아니었다. 유럽의 패권을 놓고 신성로마제국의 황제 카를 5세와 경쟁하던 프랑수아 1세의 입장에서는 황제를 괴롭히던 종교개혁운동이 내심 반갑기도 하였다. 복잡한 국내외 정치 상황을 고려하여 그는 국내의 종교개혁에 대해서는 적당히 제어하고 독일 내의 종교개혁 진영의 영주들은 후원하는 이중적인 입장을 취하고 있었다.

한편 16세기에 들어서며 프랑스 내부에서도 교회의 개혁을 위한 시도들이 나타나기 시작했다. 쌩 제르망 데 프레(Saint-Germain-des-Prés) 수도원 원장인 기욤 브리소네(Guillaume Briçonnet, 1472-1534)의 초청으로 파리에 자리잡게 된 자크 르페브르 데타플(Jacques Lefèvre d'Étaples, 1455-1536)은 신망받던 인문주의자였다. 르페브르를 중심으로 성경 연구를 통해 초대교회 신앙의 회복을 주장하며 영적인 삶을 추구하는 젊은이들이 모이게 되었다. 1515년 브리소네는 파리 근교의 모(Meaux) 지역의 주교로 임명되면서 그곳에서 교회개혁운동을 추진하였는데, 소르본의 가톨릭 신학자들로부터 루터 추종자로 몰리며 비난받던 르페브르 역시 이곳으로 옮겨가게 된다. 이후 르페브르를 중심으로 하는 복음주의자들은 모를 중심으로 활동하며 브리소네 주교의 개혁운동을 뒷받침하였고, 이들은 '모 공동체'라 불리게

하지 않고 교황의 권한을 인정해주기로 하였다.

된다. 루셀(Gerard Roussel, 1500-1550), 피에르 카롤리(Pierre Caroli, 1480-1550)와 같은 복음주의 인문주의자들이 이 공동체의 일원으로 참여하였고, 프랑수아 1세의 여동생인 앙굴렘의 마르그리트 공주(Marguerite d'Angoulême, 1492-1549)가 이들을 후원하였다.[16]

자크 르페브르 데타플

하지만 아 라스코가 형제들과 함께 프랑수아 1세의 궁정을 방문하기 직전인 1523년은 모 공동체에게 뼈아픈 시간이었다. 르페브르를 주목하던 소르본 신학자들이 모 공동체와 브리소네 주교를 이단이라고 공격한 것이다. 사실 모 공동체에 속해 있던 복음주의자들이 강경한 루터주의자였던 것은 아니다. 그들은 에라스무스의 입장과 유사하게 성경의 원전으로 돌아갈 것을 주장하는 복음주의자들로, 대다수가 로마 가톨릭교회 안에서의 갱신과 회복을 주장하던 온건파들이었다. 결국 모 공동

---

[16] W. de Greef, *The Writings of John Calvin : An Introductory Guide*, Expanded ed. (Louisville: Westminster John Knox Press, 2008), 1-10; W. van't Spijker, *Calvin: A Brief Guide to His Life and Thought*, 1st ed. (Louisville, KY: Westminster John Knox Press, 2009), 5-8.

체의 구심점이었던 브리소네 주교는 당국의 계속되는 압박에 못 이겨 교회개혁운동을 중단하였고, 르페브르와 루셀 등이 스트라스부르로 떠나가면서 결국 모 공동체는 와해되었다. 파리에 오기 전, 아 라스코가 바젤에서 잠시 만난 파렐 역시 모 공동체의 일원이었으나 소르본 신학자들의 압력으로 더 이상 설교를 할 수 없게 되자 모 공동체를 떠나 바젤에 머물렀던 것이다. 이후 파렐은 스위스 지역의 여러 도시를 거쳐 1532년부터 제네바에서 종교개혁자로서 설교를 시작하였다. 그리고 1536년 박해 받던 프랑스를 떠나 스트라스부르로 가던 중 잠시 제네바에 들른 칼빈을 파렐이 설득하여 제네바의 종교개혁자로 남게 하면서 종교개혁의 역사가 이어지게 된다.

파리에 머무는 동안 아 라스코는 르페브르의 사복음서 성경 주해와 같은 저술들을 읽을 수 있었다. 이들은 개인적으로도 깊이 있는 대화를 나눈 것으로 보인다. 그의 뛰어난 인문주의 소양과 교회 개혁에 대한 열정은 아 라스코에게도 적지 않은 영향을 끼쳤을 것이다. 또한 그는 프랑수아 1세가 아끼던 누이 마르그리트 공주와도 친밀한 관계를 맺을 수 있었다. 당시 공주는 모 공동체를 비롯해 프랑스 내에서 활동하던 기독교 인문주의자들의 든든한 후원자였다. 인문주의와 종교개혁에 대한 열정을 가지고 있던 그녀와의 대화 역시 아 라스코가 종교개혁에 대한 이전의 배타적 시각을 이겨내는 데 큰 도움이 되었을 것이다. 프랑스 왕의 궁정에 머무는 동안에도 하나님께서는 그를 개혁자로 세우기 위해 전혀 예상치 못한 방향으로 인도하셨다.

두 번째 바젤 방문

아 라스코와 에라스무스의 재회

찬 바람이 바젤 시내의 골목까지 자기 몫으로 차지해버린 겨울날이었다. 이제는 세월의 무게를 한껏 짊어진 에라스무스였지만 이날은 차가운 아침 공기가 썩 나쁘지 않게 느껴졌다. 얼마 전 아 라스코로부터 전갈을 받았다.

"요하네스 아 라스코, 1년 전 제롬과 함께 왔던 그 폴란드 젊은이…"

에라스무스의 얼굴에 얕은 미소가 드러났다. 짧은 만남이었지만 좋은 인상이 여전히 맴돌고 있었다. 아 라스코는 고귀한 가문 출신답게 교양이 가득한 언행과, 긴 밤을 지새며 대화를 나누기에 부족하지 않은 지성을 겸비한 청년이었다. 그는 바젤에 머무는 동안 에라스무스의 집에 거처를 둘 수 있을지를 물었다. "나쁠 것 없지." 말 그대로 에라스무스의 입장에서 아 라스코는 나무랄 데 없는 하숙생이었다. 물론 그는 방세도 부족하지 않게 지불할 것이다. 이에 에라스무스는 환영의 뜻을 담은 전갈을 보냈다. 젊은 폴란드 손님은 예정대로라면 오늘 중에 도착할 것이다. 얼마 지나지 않아 문 밖에서 소란스러운 소리가 들려왔고, 에라스무스는 자리에서 일어났다. 젊은 손님이 도착했다.

한 해를 보내고 다시 파리를 떠날 때 아 라스코는 혼자였다.[17] 형 제롬은 외교 업무를 수행하기 위해 일찌감치 파리를 떠났고, 동생 스타니슬라스는 프랑수아 1세의 신하로서 왕의 곁에 남기로 했다. 형제들과 헤어져 홀로 길을 나선 아 라스코가 향한 목적지는 바젤이었다. 얼마 전 짧지만 강렬했던 바젤에서의 여러 만남은 여전히 그의 마음속에 여운을 남기고 있었

---

17) 달톤은 1524년 말 아 라스코가 바젤에 도착했다고 말하지만 스미스는 그가 바젤에 두 번째 방문한 시기를 1525년 봄이 지난 후라고 주장한다. James Frantz Smith, *John A'lasco and the Strangers' Churches* (Mich.: University Microfilms International, 1981), Ph.D Dissertation, 69.

고, 파리에서의 경험은 에라스무스와의 시간을 더욱 그립게 하였다. 인문주의를 통해 성경의 참된 진리를 찾아가는 이들을 만나면서 아 라스코는 진리에 대한 갈증을 더욱 강하게 느끼게 되었다. 그리고 이제 그는 다시 바젤로 돌아왔다.

보니파치우스 아머바흐

당시 바젤에는 에라스무스를 비롯해 저명한 인문주의자들과 종교개혁자들이 여럿 머물고 있었다. 자연스럽게 아 라스코는 이들과 만나며 서로의 학문과 사상을 나눌 수 있었다. 보니파치우스 아머바흐(Bonifacius Amerbach, 1495-1562)는 다재다능함을 자랑하는 인문주의자였다. 1524년부터 바젤 대학의 법학 교수가 된 아머바흐는 에라스무스의 절친한 친구이기도 했다. 종교개혁에 대한 입장 역시 에라스무스와 비슷했다. 로마 가톨릭교회의 여러 문제에 대해서는 비판적이었으나 루터와 츠빙글리를 선두로 한 종교개혁은 급진적이라고 비판하였다. 작곡가이기도 한 아머바흐의 연주로 채워진 방에서 에라스무스와 아 라스코가 대화를 나누는 모습을 떠올려보라. 또한 아 라스코는 콘래드 펠리칸(Conrad Pellican, 1478-1556)에게서 히브리어를 배울 수 있었다. 열정적인 인문주의자로 히브리어 교수이기도 했던 펠리칸은 종교개혁에 대해 에라스무스와는 전혀 다른 입장에 있었다. 바젤을 떠난 그는 츠빙글리의 요청을 받아 취리히 신학교의 신학교수로서 일하게 된다. 글라레아누스(Heinrich Glareanus, 1488-1563)는 아 라스코가 바젤에서 만난 또 다른 다재다능한 인문주의자였다. 음악가이자 시인이며 지리학자이자 수학자였던 글라레아누스는 종교개혁에 대해서는 에라스무스와 같은 입장에 있었다. 그는 에라스무스와 츠빙글리 모두와 절친한 사이였으나 종교개혁운동이 본격화되면서 츠빙글리와 멀어지게 되었다.

바젤에서 아 라스코가 만난 인물 중 종교개혁의 정신을 가장 분명하게 보여준 인물은 역시 외콜람파디우스였다. 법학과 신학을 공부한 인문주의자 외콜람파디우스는 특히 성경 주해에서 아 라스코에게 중요한 영향을 끼쳤다. 아 라스코가 외콜람파디우스의 저작을 모두 가지고 싶어 할 정도였다. 그는 아직까지 로마 가톨릭교회의 울타리 안에 머물러 있는 폴란드 친구가 성경의 바른 가르침 앞에 나올 수 있도록 탁월한 지성과 다정한 우정으로 인도하였다. 이미 앞서 아 라스코의 첫 번째 방문에서 에라스무스와 파렐의 격렬한 논쟁이 있던 순간에도 외콜람파디우스는 파렐과 같은 입장에 있었다. 그는 바젤의 종교개혁에 앞장섰고, 1529년 바젤이 종교개혁을 받아들인 후에는 바젤 교회를 대표하는 종교개혁자로 헌신하였다. 오랜 시간이 흐른 후에도 아 라스코는 외콜람파디우스에 대한 존경과 애정 어린 기억을 잊지 않았다.

"살아 생전 외콜람파디우스가 보여준 놀라운 학문과 소박함, 경건함으로 인해 그에 대한 나의 기억은 존경심으로 가득하다."18)

아 라스코는 바젤에 머무는 동안 취리히를 방문하여 종교개혁자 츠빙글리를 만나기도 했다. 짧은 만남이었지만 아 라스코에게 끼친 영향은 중대한 것이었다. 무엇보다도 그가 성경 연구에 매진할 수 있도록 자극한 것이 바로 츠빙글리였다. 아 라스코는 훗날 웨스트팔(Joachim Westphal, 1510-1574)과의 서신을 통한 논쟁에서 자신이 처음으로 성경 연구를 접하게 된 것이 츠빙글리 덕분이라고 말한다. 그러나 아 라스코를 츠빙글리안(Zwinglian, 츠빙글리의 추종자라는 비난 섞인 호칭)이라고 비판하는 웨스트팔에 대해서는 자신을 위해 십자가에서 돌아가신 이는 루터도 츠빙글리도 아닌 오직 예수님이시고, 자신은 오직 예수님의 이름으로 세례를 받은 것이라고 강하게 반박한다. 아 라

---

18) *Opera* vol. II, 583.

울리히 츠빙글리

스코는 개혁주의 종교개혁자로서 츠빙글리와 자신이 동의하는 부분이 많이 있지만 신학적으로는 서로 의견이 완전히 일치하지 않는 부분이 있다는 점도 분명하게 밝히고 있다.[19]

바젤 체류 기간 동안 아 라스코는 여러 종교개혁자들과 인문주의자들을 만났지만 그에게 가장 중요한 인물은 역시 에라스무스였다. 인문주의 성경 연구를 통해 종교개혁의 여명을 밝히는 선구자의 역할을 하였으나 결국 스스로는 로마 가톨릭교회를 떠날 수 없었던 에라스무스의 길은 아직까지 로마 교회의 충실한 일원으로 남아 있던 아 라스코에게 어렵지만 충분히 걸어볼 만한 도전이었다. 에라스무스의 성경 이해와 교회에 대한 애정 어린 비판은 폴란드의 촉망받는 젊은 사제에게 신선한 충격이자 날카로운 길이었다. 오랜 시간이 지난 후 불링거에게 보내는 편지에서 아 라스코는 자신에게 참된 기독교 신앙에 대해 처음으로 가르쳐준 사람이 에라스무스였다고 말한

---

19) *Opera* vol. I, 338.

다. 이미 아 라스코는 가톨릭교회의 성직자였지만 하나님의 참된 부르심을 경험한 것은 바로 에라스무스를 통해서였다.[20] 이후 아 라스코는 기독교 인문주의자로서의 삶에서 멈춰 선 에라스무스를 넘어서서 종교개혁자로 헌신하게 된다. 그러나 에라스무스에 대한 그의 애정과 존경의 마음은 사라지지 않았다. 끝내 로마 가톨릭교회를 떠나지 못해 종교개혁 진영으로부터 질타를 받던 에라스무스를 변호하기 위해 아 라스코는 다음과 같은 글을 남긴다.

"모든 사람이 하나님께서 주신 은사를 가지고 있다. 그리고 누구도 모든 부분에서 강할 수는 없다. 우리도 또한 지금 이 순간 알지 못하는 것이 많이 있다. 하나님께서 자신의 뜻에 따라 우리의 믿음의 분량에 합당한 대로 기쁘게 주신 은사를 즐거워하는 것이 우리에게 맡겨진 몫이다. 그렇기 때문에 우리는 또한 에라스무스의 재능들을 기뻐해야 한다. 그것들은 모두 충분히 위대하고 중대한 진리의 은사들이며, 하나님께서 주신 것임을 인정해야 한다. 그러나 만일 우리가 진리를 향하여 에라스무스보다 더 앞서 있다고 믿는다면, 이 또한 하나님께서 우리에게 주신 것이라는 사실을 기억하자."[21]

---

20) Ibid., 569.
21) Ibid., 584.

아 라스코와 에라스무스의 친밀한 관계를 보여주는 한 가지 일화가 있다. 에라스무스의 집에 머무는 동안 아 라스코는 에라스무스의 서재를 구입하기로 했다. 부유했던 아 라스코에게는 에라스무스가 소장하던 책을 갖는다는 것이 매력적으로 느껴졌을 것이다. 에라스무스 역시 경제적으로 큰 도움이 될 것이기에 마다할 이유가 없었다. 다만 이 거래는 에라스무스가 세상을 떠난 후에 이행될 것이었다. 아 라스코는 계약금으로 200플로린을 일단 지불하였고, 이후 서재를 인수하게 될 때 에라스무스의 상속자에게 나머지 금액을 지불하기로 했다.[22] 그리고 실제로 에라스무스가 세상을 떠난 후 아 라스코는 서재를 인수받게 된다.[23] 이 일화에서 볼 수 있듯이 바젤에서의 첫 만남 이후 아 라스코와 에라스무스는 서로의 관계를 계속해서 지켜나갔다.

바젤에서의 시간은 아 라스코의 인생 전체를 통해 가장 아름다운 추억으로 남게 되었다. 재기 넘치던 인문주의자들과 인격적 교제를 즐길 수 있었고, 참된 신앙에 대한 종교개혁자들

---

22) 플로린(Florin)은 16세기 당시 이탈리아 등지에서 사용하던 금화였다. 아 라스코가 서재의 계약금으로 지급한 200플로린은 오늘날의 화폐가치로 환산하면 대략 12,000유로(한화로 약 1,600만 원)에 달하는 큰 금액이었다. 당시의 화폐가치에 대해서는 KNAW(네덜란드 왕립 인문과학연구원)에서 제공하는 데이터베이스를 이용해 알 수 있다. www.iisg.nl/hpw/calculate2.php

23) Desiderius Erasmus, *Opus Epistolarum Des Erasmi Roterdami*, vol. x, 179

의 열정을 접하며 자신의 신앙과 교회를 돌아볼 수 있었다. 그러나 아쉽게도 기쁨이 가득했던 바젤에서의 생활이 1년을 채우기도 전에 고국 폴란드에서 뜻밖의 소식이 전해졌다. 가능한 한 빨리 크라쿠프로 돌아오라는 삼촌의 명령이었다.

아 라스코가 자리를 비우고 있는 동안 그의 삼촌인 대주교 요한은 정적들의 계속되는 공격에 시달리고 있었다. 특히 아 라스코에 대한 비방이 크라쿠프에 나돌고 있었다. 대주교의 젊은 조카이자 그니에즈노의 주임사제인 아 라스코가 루터파 이단에 빠져 들었다는 것이다. 당시 폴란드 국왕은 종교개혁을 억압하는 정책을 추진하고 있었고, 대주교 요한은 그 최고 책임자였다. 당연히 라스코 집안 모두가 종교개혁에 반대하는 입장을 분명히 하고 있었다. 이런 상황에서 자신의 뒤를 이을 것으로 기대하는 조카가 이단 사상에 물들었다는 소문은 대주교에게 뼈아픈 공격이었다. 그는 조카 요한이 크라쿠프로 귀환하여 직접 해명하는 것이 최선의 해결책이라고 생각했다. 물론 아 라스코는 삼촌의 명령에 순종해야 했다. 바젤을 떠나 얼마 지나지 않아 베니스에서 아머바흐에게 보낸 아 라스코의 편지는 그의 실망감과 그리움을 잘 보여주고 있다.

"나는 스페인으로 가게 될지, 아니면 정말 고국으로 돌아가게 될지 분명하게 알지 못합니다. 만일 다른 이가 나를 대신하여 폴란드로 돌아갈 수만 있다면 내가 희생 제물이 되지 않을 수도 있겠지요. 이전으로 돌아가 당신과 우리의 에라스무스를 함께 만날 수 있을 것입니다. 이제 가장 절친한 친구에게 작별을 고합니다. 나의 에라스무스에게도 안부를 전해주시기 바랍니다."

1525년 11월 베니스에서[24]

세월이 흘러 20여 년이 흐른 뒤에도 아 라스코는 이때의 아쉬움을 기억하고 있었다.[25] 그의 귀환은 에라스무스에게도 아쉬운 일이었다. 에라스무스는 이탈리아를 거쳐서 고국으로 돌아갈 아 라스코를 위해 콘스탄스와 베니스 등지에 있는 자신의 지인들에게 아 라스코를 추천하고 소개하는 편지를 전해주었다. 이 편지를 통해 아 라스코에 대한 에라스무스의 평가를 들을 수 있다.

---

24) Dalton and Łaski, *Lasciana: Nebst Den æltesten Evangelischen Synodalprotokollen Polens, 1555-1561*, 89-90. 이때 아 라스코는 그의 동생 스타니슬라스가 스페인에서의 전쟁으로 위험에 처해 있었기에 스페인을 방문할 것을 고민하였으나 결국 폴란드로 돌아가게 된다. Menno Smid, "Reisen und Aufenthaltsorte a Lascos" in Christoph Strohm, ed. *Johannes a Lasco: Polnischer Baron, Humanist Und Europaischer Reformator* (Tubingen: Mohr Siebeck, 1999), 189.
25) *Opera* vol. II, 583.

"여기 폴란드에서 온 아 라스코가 있네. 그는 명문가 출신으로 곧 최고의 지위를 차지하게 될 걸세. 그는 눈처럼 순수한 도덕성을 가졌네. 금과 보석같이 빛나는 재치도 있지."[26)]
-에그나티우스에게 1525년 10월 7일 보낸 편지 중

바젤에서 에라스무스와 보낸 시간은 분명 아 라스코의 인생에서 중요한 전환점이었다. 그러나 이 순간이 급작스러운 회심의 순간은 아니었다. 그는 여전히 로마 가톨릭교회의 고위 성직자로서의 삶을 포기하지 않았다. 아직 그를 종교개혁자로 부를 수는 없겠지만 에라스무스를 통해 전해진 기독교 인문주의 정신은 앞으로 아 라스코가 나아갈 새로운 방향을 가리키고 있었다. 하나님께서는 참된 교회를 지켜낼 개혁자로 아 라스코를 준비시키는 과정을 이곳 바젤에서 본격적으로 시작하셨다. 그러나 지금 그의 발걸음은 아직 로마 가톨릭교회의 전통에 완고하게 사로잡힌 조국 폴란드로 향하고 있다. 2년여 만의 귀향이 그리 반갑지만은 않았다.

---

26) Desiderius Erasmus, *Opus Epistolarum Des Erasmi Roterdami*, vol. 13, 10.

Johannes a Lasco

요하네스 아 라스코
개혁주의 교회법의 토대를 놓다

3
나그네가 되다

Chapter 03
나그네가 되다

아 라스코는 지그문트 1세를 만나 자신이 폴란드를 떠날 것이기에 주교직을 수행할 수 없다는 것과 그 이유를 분명하게 밝혔다. 당시 종교개혁에 대한 탄압이 이어지던 폴란드의 상황에서 아 라스코의 고백은 자칫 심각한 처벌로 이어질 수 있는 것이었다.

> 크라쿠프를 떠나온 지 한참이 지나 바벨 성이 멀찍이 내려다보이는 구릉에 올라선 후에야 그는 처음으로 뒤를 돌아보았다. 오래전 어린 소년 시절, 형과 함께 처음으로 크라쿠프에 들어섰을 때가 떠올랐다. 모든 것이 신기하고 멋지게만 보이던 그때가 이제는 먼 옛날의 추억이 되었다. '다시 돌아올 수 있을까?' 어쩌면 바벨 성을 보는 것은 이번이 마지막일지도 모른다. 잠시 멈춰 있던 그의 몸이 돌아섰다. 그렇게 지금껏 쌓아온 모든 것을 남겨둔 채 아 라스코는 조국 폴란드를 떠났다. 이것이

> 그가 자신의 십자가를 지는 길이리라.
>
> "이에 예수께서 제자들에게 이르시되 누구든지 나를 따라오려거든 자기를 부인하고 자기 십자가를 지고 나를 따를 것이니라"
>
> -마태복음 16:24

크라쿠프를 떠나다

새로운 세상에 대한 동경을 가지고 크라쿠프를 처음 떠났던 소년 아 라스코와 바젤에서의 시간을 뒤로 하고 다시 돌아온 청년 아 라스코 사이에는 지나간 세월만큼이나 높다란 벽이 놓여 있었다. 그는 어린 시절의 계획대로 로마 가톨릭교회의 성직자로서 성공의 사다리를 착실하게 오르고 있었지만 그의 마음은 채워지지 않는 갈망으로 가득했다. 두 차례의 유학을 통해 기독교 인문주의에 마음을 빼앗겼고, 교회의 개혁에 대해 고민하게 되었다.

그러나 그는 여전히 폴란드 교회의 미래이고 대주교인 삼촌의 자랑거리여야 했다. 폴란드로 돌아온 직후 삼촌을 만난 아 라스코는 자신의 결백함을 밝혔다. 하지만 대주교는 그것만으로는 조카의 앞날을 가로막을 못된 소문들을 지워버릴 수 없다고 생각했다. 결국 아 라스코는 로마 가톨릭교회에 대한 자신의 믿음과 충성에 변함이 없으며 교회의 권위나 교리에 대하여 반대하지 않는다는 것을 공개적으로 서약했다.[27] 바젤에서의 시간을 거치며 교회 개혁의 필요성을 알게 되었으나 그는 아직은 종교개혁자라기보다 에라스무스주의자, 기독교 인문주의자에 머물러 있었다. 그는 교회의 문제는 교회가 해결할 수 있다고 믿었다.

한편 폴란드로 돌아온 이후에도 인문주의 연구에 대한 아 라스코의 열정은 사그라들지 않았다. 빈번한 서신 왕래를 통해 바젤에서 만난 동료들과 깊이 있는 소통을 이어갔다. 마음 같아서는 당장이라도 바젤을 향해 떠나고 싶었지만 성직자로서 직무를 수행하기 위해서는 폴란드를 벗어날 수 없었다. 공개 서약 이후에 잠잠해지기는 했지만 라스코 집안의 촉망받던 아들이 외국 생활 중에 이단 사상에 물들었다는 소문이 완전히 사라진 것도 아니었다. 자신이 직접 바젤로 갈 수 없었던 아 라스코는 아머바흐와 에라스무스 등 인문주의자 동료들을 크

---

27) Smith, *John A'lasco and the Strangers' Churches*, 74-75; *Opera* vol. II, 547.

라쿠프로 초청하려고 시도했다. 그러나 그의 바람은 이루어지지 않았고 아쉬움을 남긴 채 현재의 상황을 받아들여야 했다.

참된 진리에 대해 눈을 뜨게 된 후 아 라스코의 마음은 내적 갈등으로 복잡했지만 우선은 성직자로서 자신의 직위를 수행하는 데 열심을 다했다. 당시 폴란드는 역사상 최고의 전성기를 구가하고 있었다. 왕궁에서는 화려한 파티와 사교 모임들이 이어졌고, 동시에 국제 갈등으로 인한 전쟁도 끊이지 않았다. 권력의 정점에 서 있던 삼촌 요한은 여전히 사방의 정적들에게 견제를 받고 있었다. 아 라스코는 복잡한 국내외의 정치 현장에서 한 발짝 물러나서 교회를 섬기는 소임을 다하고자 했다. 그러나 그의 눈과 귀는 여전히 종교개혁의 최전선에서 이루어지는 영적 전쟁에서 떠나지 않고 있었다. 인문주의자나 종교개혁자들과 교류를 계속 이어갔다. 자유의지를 놓고 벌어진 위대한 인문주의자와 열정적인 종교개혁자 사이의 논쟁은 당시 유럽의 지식인들에게는 흥미로운 사건이었고, 아 라스코 역시 관심을 놓지 않았다. 그는 에라스무스와 루터의 저술들을 읽으며 인문주의와 종교개혁 사이의 갈등에 대해 깊이 고민했다. 그것은 아 라스코 자신의 내면에서 벌어지고 있는 영적 갈등이기도 했다. 시간이 지날수록 아 라스코는 에라스무스의 입장에 만족할 수 없었다. 로마교회는 계속해서 스스로의 개혁이 불가능하다는 것을 보여주고 있었다. 오히려 하나님의 말씀에 따른 개혁을 요구하는 시도들을 억압하고 공격하는 것에만 열을 올리고 있었다. 그렇게 아 라스코는 비록 몸은 폴란드에 묶여 있었지만 그의 지성과 영성은 종교개혁이라는 역사적인 흐름을 놓치지 않고 좇아가고 있었다.

이즈음 폴란드 내에서도 종교개혁을 향한 외침이 차츰 커져갔다. 하지만 대주교 요한을 중심으로 하는 가톨릭교회는 종교개혁에 대한 억압을 멈추지 않았다. 아 라스코 스스로는 종교개혁을 향한 열망을 키워가면서도 충성을 맹세한 국왕과 사랑하는 삼촌이 앞장서 종교개혁을 막아서는 현실 앞에서 아무것도 할 수 없는 답답한 시간이 이어졌다.

지금껏 아 라스코의 삶에서 그를 괴롭게 할 만한 큰 실패는 없었다. 삼촌을 필두로 라스코 집안 사람들은 모두가 각자의 자리에서 나름의 성과를 거둬왔다. 그러나 하나님께서는 아 라스코를 당신의 일꾼으로 세우시기 위해 인생의 거센 풍랑 앞에 서도록 이끄셨다. 아 라스코가 견뎌내야 할 시련의 파도는 뜻밖에도 남쪽의 헝가리에서 밀려왔다. 그가 아무리 정치 현장에서 거리를 두려 노력해도 그의 높은 지위는 그만한 대가를 요구했다.

유럽의 기독교 국가들에게 멀리 남쪽의 오스만 제국(오늘날의 터키)은 눈엣가시와 같은 존재였다. 지정학적으로 멀리 떨어져 있었기에 당장의 위협은 아니었지만 1453년 동로마제국을

술레이만 1세

멸망시키고 콘스탄티노플을 함락하여 자신들의 수도로 삼은 이후로 오스만 제국은 교황과 기독교 세계의 군주들에게 두려움의 대상이었다. 1520년 오스만 제국 최고의 명군주로 이름을 남기게 되는 술레이만 1세(Süleyman I, 1494-1566)가 술탄의 자리에 앉게 된다. 이후 40년이 넘는 그의 치세 동안 오스만 제국의 위협은 현실이 되었다. 즉위 후 3년이 지나기도 전에 베오그라드와 로도스 섬을 정복한 술레이만 1세는 동유럽으로 시선을 돌렸다. 1527년 술탄의 군대는 헝가리로 진군하였다. 당시 헝가리 왕 러요시 2세(Lajos II, 1506-1526)는 폴란드 야기에우워 왕가 출신으로 폴란드 왕 지그문트 1세의 조카였다. 그는 직접 군사를 이끌고 오스만의 대군에 맞서 싸웠으나 모하치(Mohács) 전투에서 헝가리 군은 대패하고 왕은 전사하였다. 이로 인해 헝가리 영토의 대부분이 오스만 제국에 편입되었다.

그런데 문제는 러요시 2세에게 후사가 없었다는 것이다. 국가적 위기였으나 헝가리 왕좌를 둘러싼 경쟁은 멈추지 않았고 결국 국제적인 갈등으로 확산되기에 이른다. 헝가리의 귀족들은 트란실바니아의 영주였던 서포여이 야노시(Szapolyai János, 1490-1540)[28]를 왕으로 추대하였다. 전쟁 이전부터 헝가리의 유력 귀족으로 영향력을 행사하던 야노시는 지그문트 1세의 처남이기도 했다. 자연스럽게 폴란드는 야노시를 지지하였다. 이에 맞서 합스부르크가 출신의 페르디난트(Ferdinand I, 1503-1564)[29] 역시 왕위 계승권을 주장하였다. 전사한 러요시 2세는 페르디난트의 처남이었다. 신성로마제국 황제 카를 5세는 당연하게도 자신의 동생 페르디난트를 지원하였다. 그러자 카를 5세의 숙적인 프랑스의 프랑수아 1세는 폴란드 왕이 지지하던 야노시의 편에 섰다.

어느새 국제 외교무대에서 뜨거운 감자가 되어버린 헝가리 왕위 계승 문제에 라스코 집안은 깊숙이 개입하게 된다. 지그문트 왕의 뜻에 따라 대주교 요한은 야노시 측을 적극 지지하게 된다. 아 라스코의 형인 제롬 역시 야노시의 측근에 머물며 외교관으로 활동하였다. 그러나 신성로마제국을 배후로 둔 페르디난트에게 맞섰던 야노시가 오스만 제국과 타협적 자세를 취하면서 문제가 불거졌다. 오스만의 군대에 패한 후 폴란드로 망명한 야노시가 헝가리에서 자신의 통치권을 인정해준다면 오스만의 속국으로 남겠다고 약속하여 술탄의 지지를 받아낸 것

---

28) 이것은 헝가리식 이름이다. 영어식으로는 자폴랴(John Zapolya)로 불린다.
29) 카를 5세의 동생으로 후에 형의 뒤를 이어 신성로마제국의 황제가 된다.

이다. 결국 야노시는 헝가리의 왕이 되었으나 페르디난트는 이러한 상황을 가만히 두고 보지 않았다. 비록 야노시는 오스만과의 관계를 정치·군사적인 협력으로만 생각했을지 몰라도 많은 사람들에게는 기독교 세계에 등을 돌리고 이슬람 침략자들과 손을 잡은 것으로 이해되었다.

1529년 대주교 요한의 정적들은 대주교와 오스만 제국 사이의 관계에 대한 비방을 퍼뜨렸다. 이 소식을 전해 들은 교황은 대주교와 그 일가의 권한을 정지시키고 로마로 와서 이를 해명하도록 요청하였다. 이 일이 폴란드 내에서 그의 지위에 직접적인 타격을 줄 수는 없었으나 대주교의 권위는 크게 손상되었다. 안팎의 정치 공세에 시달리던 노년의 대주교 요한은 1531년 75세의 나이로 세상을 떠나게 된다. 이미 몇 해 전에 세상을 떠난 아버지에 이어서 어쩌면 아버지보다 더 깊은 관계를 나눈 후견인이었던 삼촌의 죽음은 아 라스코와 그의 형제들에게 큰 충격이었다. 대주교 요한은 어린 시절부터 아 라스코가 꿈꾸던 성공의 정점에 서 있는 인물이었다. 아 라스코는 가장 든든한 후원자이자 인생의 목표를 잃게 되었다. 그러나 하나님께서는 이미 아 라스코의 인생이 나아갈 길을 바꾸어 놓으셨다. 삼촌 요한의 죽음은 참으로 슬픈 일이었지만 이를 통해 그를 로마 가톨릭교회에 붙들어 놓았던 가장 완고한 쇠사슬이 끊어지게 되었다.

대주교의 죽음 이후 아 라스코에게 남겨진 현실은 녹록지 않았다. 대주교의 정적들은 이제 공격의 표적을 남겨진 조카 아 라스코로 바꾸었다. 가문의 위상은 흔들렸고, 그의 지위를 유지하는 것도 쉽지 않아 보였다. 그러나 여러 가지 어려움에도 불구하고 그는 성직자로서 자신의 위치를 지켜냈다. 새로운 대주교가 임명되고 난 후 그를 향한 정치적 공세도 잦아들었다. 어쨌거나 아 라스코는 단지 삼촌의 후광으로만 고위 성직자의 직위에 있었던 것은 아니다. 그는 자신의 능력으로 스스로의 정당성을 증명해 보였다. 그렇게 국내의 문제가 정리되어갈 때쯤 다시금 나라 밖에서 좋지 않은 소식이 전해졌다. 형 제롬이 누명을 쓰고 헝가리 왕 야노시에 의해 감옥에 갇히게 되었다는 것이다. 아 라스코는 형을 구제하기 위해 적극적으로 나섰다. 성직자의 직분 뒤에 잠시 내려놓았던 외교관의 자질을 십분 발휘하였다. 결국 이듬해인 1534년 제롬은 석방되었고, 이후 그는 야노시를 떠나 페르디난트의 편에 서게 된다. 그리고 1538년, 누구도 예상치 못한 아 라스코의 갑작스러운 결정이 크라쿠프의 바벨 성의 수근거리는 입들을 바쁘게 만들었다.[30]

---

30) 삼촌 요한의 죽음 이후 아 라스코가 맡게 되는 교회의 직분과 임직을 받은 시기, 그가 왕에게 자신이 떠날 것을 보고한 시기에 대해서는 남아 있는 기록이 충분하지 않고 그 정확성에 의문이 있다. 따라서 역사가에 따라 서로 다른 해석이 존재한다. 다음을 참고하라. Merle d´Aubigné, *History of the Reformation in Europe in the Time of Calvin*, 7, vol. 7, 550-554; Dalton, John a Lasco, 176-185; Menno Smid, "Reisen und Aufenthaltsorte a Lascos" in Strohm, *Johannes a Lasco: Polnischer Baron, Humanist Und Europaischer Reformator*, 190.

삼촌의 죽음으로 어려움은 있었지만 이내 아 라스코는 자신의 지위를 인정받았다. 1538년 그는 폴란드 교회의 최고위직 중 하나인 쿠야비아(Cujavia)의 주교로 임명받게 된다. 아직 그가 올라갈 성공의 사다리는 끊어지지 않았다.31) 그런데 바로 이 때 아 라스코는 폴란드를 떠나기로 결정하였다. 그는 이제 더 이상 로마교회와 종교개혁 사이에 멈춰 서서 고민하지 않았다. 하나님께서 자신을 부르신 길은 분명했다. 지금껏 폴란드 교회의 엘리트로 성장해온 아 라스코에게 로마 가톨릭교회를 등진다는 것은 곧 자신의 교회와 조국, 사랑하는 가족과 누구보다 자신을 아끼던 삼촌을 버리는 것이었다. 이는 곧 이제까지 자신이 살아온 모든 삶을 부정해야 하는 죽음과도 같은 고통이었다. 제자들을 향한 예수님의 부르심이 문자 그대로 아 라스코에게 던져졌다. 그리고 그는 자신의 삶 전체를 던지며 주님의 부르심에 답했다.

폴란드를 떠나온 지 6년이 지난 후, 불링거에게 보내는 편지에서 아 라스코는 고국을 등지고 떠날 때의 심정에 대해 말하고 있다. 그는 고향에 대한 그리움이나 향수에 젖어 후회하지 않았다. 비로소 주님의 품에 온전하게 머물게 되었음을 기뻐하

---

31) 가톨릭 사제로서 아 라스코의 구체적인 경력에 대해서는 다음을 참고하라. Lewis L. Kropf, "John a Lasco's Church Preferments," *The English Historical Review* XI, no. XLI (1896).

고 감사하는 마음이 편지를 통해 전해진다.

"주님께서 나에게 베푸신 은혜와 친절에 대해서 당신께도 간단하게 알려드리겠습니다. 나는 한때 여러 직함과 관록을 가지고 있던 이름난 바리새인이었습니다. 어릴 적부터 교회로부터 많은 성직록을 받아 부유한 삶을 살 수 있었지요. 하지만 하나님의 은혜로 그 모든 것을 남겨둔 채 나 스스로 떠나온 후로 지금은 나를 위해 십자가 고난을 당하신 주님을 위해 그저 부족한 종으로 낯선 땅에 있습니다. 조국도 친구들도 모두 내려놓았습니다. 그리스도의 마음과 영혼을 품은 채로는 그들 안에서 살 수 없다는 것을 깨달았기 때문입니다. 하나님의 뜻이 나를 바리새인의 그물에서 건지셔서 주님의 무리에 들게 하신 후 저는 이제 이곳 동프리슬란트에서 교회의 목회자로 복음의 가르침을 전하며 머물고 있습니다."[32]

아 라스코와 같은 고귀한 혈통의 고위 성직자가 조국을 떠나는 일은 그리 간단하지만은 않았다. 스스로도 도망치듯 사라질 생각은 없었다. 지금껏 충성을 다해온 왕에게 그리고 사랑하는 조국 앞에 합당한 책임을 다할 작정이었다. 아 라스코는 지그문

---

32) *Opera* vol. II, 569.

트 1세를 만나 자신이 폴란드를 떠날 것이기에 주교직을 수행할 수 없다는 것과 그 이유를 분명하게 밝혔다. 당시 종교개혁에 대한 탄압이 이어지던 폴란드의 상황에서 아 라스코의 고백은 자칫 심각한 처벌로 이어질 수 있는 것이었다. 그러나 왕은 의외의 반응을 보였다. 그는 아 라스코의 사임 탄원을 수용하였고, 폴란드를 떠나는 것을 승인하였다. 나아가 앞으로 아 라스코가 가게 될 나라의 통치자들에게 그를 추천하는 편지를 써주었다. 하나님께서 그가 나아갈 길을 분명하게 이끌고 계셨다. 이제는 떠날 시간이다.

종교개혁의 과정

아 라스코가 폴란드에 머물면서 인생의 중대한 변화를 준비하는 동안 유럽 대륙에서는 종교개혁을 둘러싸고 치열한 갈등과 대립이 계속되고 있었다. 1517년 루터가 95개조 반박문을 발표할 당시 직접적인 계기가 된 것은 교황청의 수입을 늘리기 위해 시행된 면죄부 판매였다. 열정적인 이 사제는 결코 자신이 속한 교회의 분열을 바라지 않았다. 단지 교회를 하나님의 말씀대로 회복시켜야 한다는 개혁의 외침을 던졌을 뿐이다. 그러나 비텐베르크 대학의 젊은 교수가 16세기 유럽사회라는 광대한 바다에 던진 작은 돌멩이는 스스로도 예상치 못한 커다란 파장을 불러일으켰다.

면죄부 판매는 당시 교황을 정점으로 하는 로마교회가 하나님보다 돈과 권력에 더 관심이 많다는 것을 상징적으로 보여주었다. 루터는 독일에서 벌어지고 있는 면죄부라는 이름의 강탈에 대해 교황이 알지 못하고 있을 것이라고 생각했다. 자신의 외침이 교황에게 전해진다면 면죄부 문제가 해결될 수 있으리라 믿었다. 하지만 그것은 순진한 생각이었다. 교황이야말로 이러한 문제를 묵인하고 그 수익을 누리던 사람이었기 때문이다. 따라서 교황을 향한 그의 외침은 교회를 향한 충언이 아니라 교황의 권위에 대한 도전으로 여겨졌다.

마틴 루터

하지만 독일의 한 귀퉁이에서 들려오는 작은 외침은 로마 교황에게는 자신을 귀찮게 하는 사소한 일들 중 하나일 뿐이었다. 루터라고 하는 젊은 사제가 속한 어거스틴 수도회 책임자들이 몇 마디만 하면 정리될 것이라 생각했다. 그러나 하나님께서는 이 작은 외침을 교회를 교회답게 하기 위한 하나님의 일의 시작으로 삼으셨다. 면죄부는 신학적인 문제였고 동시에 돈의 문제였다. 그러나 많은 독일인들에게 이 사건은 독일 민족에 대한 이탈리아인의 착취였고, 교황의 절대 권력과 부패한 교회가 만들어낸 악으로 여겨졌다. 로마 가톨릭교회의 전통과 교리에 의문을 가지고 있던 인문주의자들과 경건한 신앙인들, 경제적 착취에 신음하던 독일인들 그리고 신성로마제국 황제와 교황의 권력이 강해지는 것을 우려하던 각지의 제후들에게 루터의 도전은 난공불락으로 여겨지던 중세 유럽사회라는 커다란 제방을 뚫을 수 있는, 작지만 분명한 구멍이었다. 이제 그 조그만 개미 구멍으로부터 제방이 무너질 시간이 다가오고 있었다.

어느 순간 루터는 기존의 권위에 저항하고 새로운 질서를 바라는 세력의 상징이 되어 있었다. 1520년 교황은 교서를 통해 루터를 파문하였지만 그는 자신의 동료들과 학생들 앞에서 이를 불태워버렸다. 이제 루터가 만든 작은 구멍은 신성로마제국 황제가 신경을 써야 할 정도의 균열로 바뀌어 있었다. 1521년 카를 5세는 보름스(Worms)에서 제국의회를 열었다. 루터가 이 회의에 참석할 수 있도록 안전통행권을 보장해주었지만 100여 년 전, 동일한 권리를 보장받고 콘스탄츠 공의회(Council of Constance, 1414-1418)에 참석했던 후스가 약속과 달리 화형당한 것을 기억한다면 보름스로 향하는 루터의 걸음이 얼마나 큰 용기를 보여준 것인지를 알 수 있다. 의회는 루터에게 입장 철회를 요구하였으나 그는 이것을 거부하였다. 이러한 루터의 행동은 황제의 권위에 대한 도전으로 받아들여졌고, 결국 루터에 대한 처형이 결정되었다. 그러나 루터를 지지하였던 작센의 선제후 프리드리히(Friedrich III, Elector of Saxony, 1463-1525)의 도움으로 다행히 피신할 수 있었다.

황제는 루터의 처형을 명령하였으나 독일 내의 정치적 상황은 그렇게 간단하지 않았다. 루터의 지지자들은 계속해서 늘어났다. 지방 영주들, 나아가 황제조차도 쉽게 무시할 수 없는 대제후들이 속속 루터의 종교개혁을 지지하고 나섰다. 1529년 제2차 슈파이어 의회(the Diet of Speyer)에서는 루터에 대한 처벌을 담은 보름스 칙령을 재승인하였고, 이에 맞서 종교개혁을 지지하는 제후들은 항의문을 발표하였다.[33] 같은 해 종교개혁의 강력한 후원자인 헤세의 제후 필립(Philip of Hesse, 1504-1567)은 신교 내의 일치를 이루기 위해 유력한 종교개혁자들을 모아 독일의 마르부르크(Marburg)에서 회의를 개최한다. 이 회담에는 비텐베르크에서 루터와 멜란히톤, 취리히의 츠빙글리, 스트라스부르의 부서, 바젤에서 외콜람파디우스 등이 참석하였는데, 여기서 개혁자들은 종교개혁의 방향성에 대해서 많은 부분 일치를 이루었으나 성찬에 대한 견해 차를 좁히지 못했다. 그리고 결국 종교개혁 초기의 중요한 지도자들인 루터와 츠빙

---

[33] 이때부터 종교개혁을 지지하는 세력을 '프로테스탄트'(저항, 항의)라고 부르게 된다.

글리가 서로 등을 돌리게 되었다. 로마 가톨릭교회와 종교개혁이 대립하는 가운데 종교개혁 내에서도 이렇게 루터파와 개혁파 그리고 소위 급진개혁자들(Anabaptists) 사이의 갈등의 골이 깊어져 갔다.

이듬 해인 1530년, 아우크스부르크(Augsburg)에서 열린 제국의회에서 개신교 진영은 루터파 교회의 신앙의 기초가 되는 "아우크스부르크 신앙고백"(Augsburg Confession)을 제후들의 서명과 함께 제출하였다. 황제는 자신의 통제에서 벗어나 제국 내에서 신앙의 일치를 무너뜨리려는 시도에 격노하였다. 이에 황제의 군사적 위협에 맞서기 위해 개신교 군주들은 슈말칼덴 동맹(Schmalkaldic League)을 맺었고, 그럼으로써 황제와 로마 가톨릭교회에 저항하는 프로테스탄트 진영이 본격적으로 세력을 이루게 되었다. 신성로마제국의 황제 카를 5세는 당시 서유럽을 지배하던 여러 왕가의 상속자로서 스페인과 네덜란드, 오스트리아의 왕이었으며 독일과 이탈리아에서도 통치권을 행사하였다. 그가 동원할 수 있는 군사력이 집중된다면 독일의 제후들로서는 맞설 수 있는 재간이 없었다. 그러나 눈엣가시와 같았던 프랑스 왕 프랑수아 1세로 인해 그는 신성로마제국 내의 문제에 집중할 수 없었다. 할아버지인 선대 황제 막시밀리안 1세가 세상을 떠난 이후 신성로마제국의 황제 자리를 놓고 치열하게 경쟁하던 두 사람은 이후에도 서로의 통치 기간 내내 이탈리아 반도와, 나아가 유럽 사회 전체의 주도권을 놓고 갈등과 대립을 계속하였다. 카를 5세를 괴롭히던 또 다른 가시는 계속해서 세력을 확장하고 있던 오스만 제국이었다. 1529년 술탄 술레이만 1세의 군대는 헝가리를 점령한 후 계속 진격하여 합스부르크 가문의 심장부인 오스트리아의 빈까지 포위하였다. 전쟁 끝에 빈을 지켜내기는 했지만 술탄은 남쪽에서부터 쉬지 않고 기회를 엿보고 있었다.

이런 상황 속에서 황제가 제국 내의 분열과 갈등을 힘으로 누르기에는 여력이 부족했다. 그리하여 황제는 결국 1532년 뉘른베르크 평화조약(The Peace of Nuremberg)을 통해 슈말칼덴 동맹과 잠정적인 합의를 이루었다. 현 상황을 인정하고 각 제후들의 영토에서 종교를 결정할 권리를 인정하되 가톨릭 지역으로의 포교는 금지하는 것이었다. 그러나 이후에도 종교개혁의 확장은 계속되었다. 여기에는 신앙적인 이유와 함께 정치적인 이유도 있었다. 합스부르크 가문의 세력이 계속해서 확장되는 것을 두려워한 제후들이 견제를 위해 종교개혁을 지지하고 나선 것이다. 특히 신성로마제국의 황제를 선출할 수 있는 권한을 가진 선제후들마저 루터파로 기우는 모습이 보이자 이를 염려한 카를 5세는 가톨릭 군주들을 규합하여 뉘른베르크 동맹을 결성하며 대응하였다. 그래도 상황은 계속 프로테스탄트 진영으로 기우는 것처럼 보였다. 슈말칼덴 동맹은 계속해서 세력을 확장해 나갔고, 종교개혁을 받아들인 덴마크와 브란덴부르크가 동맹에 참여하며 힘을 더하였다.

그러나 1540년대 중반에 접어들며 상황이 급변했다. 황제를 괴롭히던 두 가시, 곧 프랑수아 1세와 술레이만 1세와의 전쟁이 잠시 소강상태에 있는 동안 카를 5세가 독일 문제에 집중할 수 있게 되었다. 반면 슈말칼덴 동맹은 내부 문제로 인해 약화되었는데, 이는 특히 작센의 모리츠 공작(Duke Maurice of Saxony, 1521-1553)의 배신이 결정적이었다. 모리츠가 선제후 자리와 영토를 노리고 자신의 배다른 형제인 작센 선제후 존 프레드릭(John Frederick of Saxony)을 공격한 것이다. 1546년에 시작된 두 세력 간의 전쟁은 결국 황제가 이끄는 가톨릭 군대의 승리로 끝나게 된다. 슈말칼덴 동맹의 지도자였던 헤세의 필립은 결국 항복하였고, 종교개혁을 받아들인 도시들은 가톨릭교회로 돌아가야 했다. 스트라스부르의 부서를 비롯한 종교개혁자들이 대륙을 떠나 영국으로 망명을 떠나게 된 것도 바로 이 전쟁의 직접적인 결과였다.

승리에 도취된 카를 5세는 제국 내의 종교적 평화를 이루기 위한 타협책으로 가톨릭교회의 입장에서 루터파의 주장을 일부 수용한 아우크스부르크 임시조약(Augsburg Interim, 1548)을 공포한다. 이 임시조약은 가톨릭교회와 군주들에게 루터파의 주장을 받아들였다는 비판을 받았으나, 오히려 프로테스탄트 진영에서 엄청난 반발에 부딪힌다. 사실상 종교개혁을 무위로 돌리려는 시도로 받아들여진 것이다. 하지만 황제는 자신의 결정을 밀어붙였고, 종교개혁이 진행되던 각지에서 갈등과 충돌이 벌어졌다. 결국 1552년 쌓였던 반감이 폭발하면서 다시 한 번 전쟁이 벌어졌다. 그런데 반전이 있었다. 종교개혁을 수용하면서도 정치적인 이유로 앞선 전쟁에서 카를 5세를 지지했던 모리츠 공작이 이번에는 황제에게 등을 돌린 것이다. 이에 힘을 얻은 개신교 진영은 반격을 가하였고, 황제는 독일에서 쫓겨나 오스트리아로 도망쳐야 했다. 계속되는 전쟁에 지친 황제는 결국 독일의 통치권을 동생 페르드난트에게 넘겼고, 양측이 1552년 파사우 조약(the treaties of Passau)과 1555년 아우크스부르크 평화조약(The Peace of Augsburg)을 체결하여 마침내 루터파 교회가 공식적으로 인정받게 된다. 각 지방의 제후들은 자신이 통치하는 영토에서 종교를 자유롭게 선택할 수 있는 권리를 얻게 되었다(cuius regio, eius religio). 또한 백성들은 영주와 자신의 신앙이 다를 경우 다른 지역으로 이주할 수 있는 권리를 보장받았다. 하지만 이것은 결코 완전한 화해는 아니었다. 종교개혁 내에서도 개혁파(the Reformed)는 배제되었고, 개인에 대한 종교적 관용이 이루어진 것도 아니었다.

종교개혁을 둘러싼 갈등의 역사는 계속되지만 이제 다시 우리의 주인공 아 라스코에게 시선을 돌려야 할 때다. 아직 가톨릭 신앙을 고수하는 황제 카를 5세와 종교개혁을 지지하는 슈말칼덴 동맹 제후들의 갈등이 계속되던 시절, 아 라스코는 폴란드를 떠나 종교개혁의 땅 독일로 향하게 된다.

진리를 찾아 길을 걷는 나그네

폴란드를 떠나기로 결심하기 한 해 전인 1537년 봄, 아 라스코는 라이프치히(Leipzig)를 방문해 루터파 종교개혁자인 멜란히톤(Philipp Melanchton, 1497-1560)을 만난다. 이 만남에 대하여 자세한 기록은 없지만 이제 아 라스코가 더 이상 에라스무스주의에 머무르지 않고 종교개혁으로 돌아섰다는 것은 분명해 보인다.[34] 폴란드를 떠난 후 아 라스코의 여정에 대한 정보는 분명하지 않다. 그러나 사도 바울이 선교 현장에 뛰어들기 전 다메섹에서 3년 동안 준비되었듯이 이때야말로 아 라스코가 종교개혁자로서 본격적으로 활동하기 전 하나님의 일꾼으로 준비되는 시간이었음은 확실하다. 그가 향한 곳은 프랑크푸르트(Frankfurt am Main)였다. 이곳을 방문한 목적에 대해서는 정확하게 알려져 있지 않다. 어쩌면 이곳의 출판 시장을 둘러

---

[34] Menno Smid, "Reisen und Aufenthaltsorte a Lascos" in Strohm, *Johannes a Lasco: Polnischer Baron, Humanist Und Europaischer Reformator*, 191.

보기 위해서였는지도 모른다. 당시 프랑크푸르트의 출판 사업은 독일을 넘어 유럽 전역에서도 잘 알려져 있었고, 아 라스코의 주요 저술인 『포르마』(*Forma ac ratio*) 역시 1555년에 이곳에서 출판되었다. 하나님의 인도하시는 손길은 프랑크푸르트에서도 아 라스코와 함께 하였다. 우연히 머문 숙소에서 평생의 동역자이자 친구가 되는 하르덴베르크(Albert Hardenberg, 1510-1574)를 만난 것이다.

하르덴베르크는 네덜란드 오베레이셀(Overijssel) 주의 하르덴베르크에서 태어났다.[35] 어려운 가정에서 태어난 그는 7세 때부터 공동생활 형제단(Brethren of the Common Life)에서 교육을 받았고, 이후 네덜란드 흐로닝언 인근의 아두아르드(Aduard)에 있는 성(聖) 버나드 수도원(the Cistercian Saint Bernardus abbey)에 들어가 수사로 생활하며 고전어와 성경, 교부들에 대하여 배웠다. 이후 벨기에의 루뱅(Leuven)으로 간 하르덴베르크는 8년 동안 그곳에 머물며 인문학과 신학을 공부하였다. 어느 정도 학업을 마친 그는 프랑크푸르트를 거쳐 이탈리아로 가서 공부를 이어가려 했는데, 먼 길을 가면서 열병에 걸려 잠시 프랑크푸르트에 머물게 된다. 이때 하나님의 인도하심으로 아 라스코와 하르덴베르크 두 사람이 같은 숙소에 머물면서 처음으로 서로를

---

35) W. Janse, *Albert Hardenberg Als Theologe* (E.J. Brill, 1994), 5-15.

엠덴의 요하네스 아 라스코 도서관 1층 기둥에 걸려 있는
아 라스코(좌)와 하르덴베르크(우)의 초상화

알게 된다. 열 살 터울의 폴란드 성직자와 네덜란드인 수도사는 이내 교회의 개혁을 향한 서로의 열망이 같은 것을 알고 믿음 안에서 교제를 나누게 된다. 에라스무스와의 만남으로 시작된 아 라스코와 네덜란드 사람의 인연은 이렇게 하르덴베르크를 통해 이어지게 된다. 질병으로 인해 이탈리아로 건너가는 것을 포기한 하르덴베르크는 계획을 바꾸어 인근의 마인츠(Mainz)로 가서 박사학위를 받기로 한다. 이때 아 라스코가 동행하게 되

는데, 하르덴베르크가 학위를 받기까지 1년에 가까운 시간 동안 두 사람은 함께 마인츠에 머물며 학업에 매진하였다. 신학 박사 학위를 받고 난 후 하르덴베르크는 바로 루뱅으로 돌아왔고, 아 라스코 역시 그와 동행하였다.

현재 유럽연합의 수도 역할을 하고 있는 벨기에의 브뤼셀은 16세기에도 황제의 궁전이 있는 중요한 도시였다. 이미 아 라스코는 형 제롬과 함께 황제의 궁정에 방문한 적이 있었다. 하지만 이번에 나선 길에서 아 라스코의 목적지는 화려한 정치와 외교의 무대가 아니었다. 그는 브뤼셀을 지나 루뱅에 도착하였다. 유럽의 유서 깊은 학교로 잘 알려진 루뱅 대학교는 16세기부터 이미 최고의 명성을 자랑하고 있었다. 오늘날도 여전히 가톨릭교회의 대학으로 남아 있는 루뱅 대학교의 신학부는 당시에는 파리의 소르본 대학교와 더불어 종교개혁에 강력한 반대 논리를 제공하는 가톨릭교회의 거점이었다. 아 라스코의 자리는 스콜라 신학을 강변하는 루뱅의 교수들 앞이 아니었다. 그는 루뱅 곳곳에 퍼져 있던 종교개혁 공동체 가운데서 자신의 새

루뱅 시청사

로운 자리를 찾을 수 있었다. 종교개혁의 열기는 로마 가톨릭교회의 시선이 미치지 못하는 곳에서 퍼져 나가고 있었다. 경건한 젊은이들은 하나님의 말씀에 대한 열정에 물들어갔다. 아 라스코 역시 이때 영적으로 더욱 성장하는 과정을 경험하였으리라.

아 라스코가 종교개혁자로 준비되는 과정에서 공동생활 형제단에게서 받은 영향은 간접적이나마 적지 않았다. 기독교 인문주의 정신을 일깨워준 에라스무스 역시 네덜란드 로테르담 출신으로 데이벤터(Deventer)의 공동생활 형제단에서 어린 시절을 보냈으며, 절친한 동역자이자 이후 그의 뒤를 이어 엠덴의 목사가 되는 하르덴베르크 또한 이 경건한 모임 출신이었다. 아 라스코가 종교개혁자로 본격적인 활동을 시작하기 전 루뱅에서 경험한 개혁된 신앙공동체들 역시 공동생활 형제단의 영향을 강하게 받고 있었다.

중세 교회는 단순한 영적 쇠퇴기나 암흑기가 아니었다. 종교개혁이 일어나기 훨씬 전부터 교회의 갱신과 회복을 위한 도전들이 이어져왔다. 그중에서 특히 네덜란드를 중심으로 확산되어 자리잡은 경건운동이 공동생활 형제단이었다. 공동생활 형제단은 1340년경 네덜란드 데이벤터에서 흐로테(Gerhard de Groote)에 의해 시작되었다. 흐로테가 참된 기독교 신앙으로 회심한 후 자신의 전 재산을 가난한 사람들에게 나누어주고 고향 데이벤터로 돌아가 신앙공동체를 이루며 생활한 것이 공동생활 형제단의 시초이다. 이들은 영적으로 경건한 생활을 지키기 위해 열심을 다했으나 세속과의 완전한 결별을 추구하지는 않았다. 시대의 흐름 속에서 참된 영성을 지켜 나가고자 했다. 경건함으로 일하였고, 다음 세대를 교육하였다.

이후 공동생활 형제단의 정신을 이어받은 여러 모임이 이내 네덜란드 전역을 넘어서 독일과 프랑스 등지로 확산되어 경건한 신앙생활의 모범으로 제시되었다. 이를 '근대적 경건'(Devotio Moderna)이라고 부른다. 근대적 경건은 신앙의 갱신을 위한 경건운동이면서 지성사적으로는 고전에 대한 관심을 반영한 인문주의 운동의 면모도 가지고 있었다. 고전문화로의 회귀에 많은 관심을 보인 것이 이탈리아 르네상스라면, 초기 기독교 정신의 회복을 강조한 것이 북유럽 인문주의이며 공동생활 형제단이 그 중심에 있었다. 『그리스도를 본받아』로 잘 알려진 토마스 아 켐피스(Thomas a Kempis, 1380-1471) 역시 네덜란드 즈볼레(Zwolle) 인근의 공동생활 형제단 출신으로 근대적 경건의 대표적 인물로 알려져 있다. 근대적 경건은 비록 로마교회 제도 자

즈볼레에 있는 아 켐피스의 무덤

체에 대한 도전으로까지 나아가지는 않았으나 성경에 대한 관심과 경건한 신앙인의 삶을 강조함으로써 네덜란드와 독일, 프랑스 등의 지역에서 종교개혁의 기반을 제공하였다.

아 라스코가 방문한 루뱅에도 공동생활 형제단의 신념을 따르는 형제의 집들(brother-houses)이 있었다. 이들 공동체들은 영적으로 깨어 있었으며, 경건한 삶을 추구하였다. 부패한 사제들의 주장이나 잘못된 관습에 휩쓸리지 않으며 거룩한 진리를 탐구해 나갔다. 루뱅에 머무는 동안 아 라스코는 이러한 공동체 생활을 경험할 수 있었다. 또한 그는 경건한 상인의 집에 세 들어 살면서 비밀스럽게 진행되던 소규모 성경공부 모임에 참석하였는데, 그곳에서 크라쿠프의 화려한 성당과 주교관에서는 볼 수 없었던 소박하지만 순수한 믿음을 지켜나가는 초대교회 신앙공동체의 모습을 볼 수 있었다. 종교개혁에 대한 박해가 심해지던 시절, 로마 가톨릭교회가 승인하지 않은 모임을 갖는 것이 발각될 경우 이단으로 몰려 화형에 처해질 수도 있었으나 참된 믿음에 대한 열정은 죽음에 대한 두려움도 이겨냈다.

아 라스코는 이곳에서 자신의 반려자를 만나게 된다. 그의 아내에 대해 알려진 사실은 많지 않지만 아마도 당시 길드에 속해 있던 상인의 딸로 경건한 신앙을 가진 여인이었던 것으로 보인다. 당시 결혼, 특히 성직자의 결혼은 단순한 연애 감정의 결과만은 아니었다. 이것은 그가 로마 가톨릭교회와 완전하게 결별했다는 상징적 사건이었으며, 회심의 가장 분명한 증거이기도 했다. 결혼을 통해 아 라스코는 완전하게 종교개혁자의 길에 섰음을 보여준다.

한편 신성로마제국 황제인 카를 5세는 자신의 출신지이기도 한 네덜란드(보다 정확한 표현은 저지대 국가, 당시에는 현재의 벨기에 역시 네덜란드의 일부분이었다.)에서 종교개혁 사상이 확산되어가는 것을 그냥 두고 볼 수 없었다. 황제는 강력한 탄압을 명령하였고, 루뱅에서는 하르덴베르크가 직접적인 피해자 중 하나가 되었다.[36] 이 젊은 신학박사는 마인츠에서 돌아온 후 루뱅의 시민들과 젊은이들 앞에서 복음을 선포하였다. 많은 이들이 그의 외침에 귀를 기울였다. 이내 그는 종교재판에 회부되어 처벌을 받게 되었으나 시민들의 청원으로 간신히 목숨을 건지게 되었다. 대신 그의 책들이 모두 불태워졌고, 그는 루뱅에서 추방되었다. 하르덴베르크는 자신이 처음 떠나온 아두아르드의 성 버나드 수도원으로 돌아가 수도원장의 직책을 수행하게 된다. 이후 이 수도원은 네덜란드 흐로닝언 지역에서 종교개혁의 외침을 전하는 거점이 되었다. 아 라스코는 모든 수도원장이 젊은이들을 가르치는 열정과 복음에 대한 열심에서 이와 같아야 한다고 그를 칭송하였다.[37]

---

36) Ibid., 8-14.
37) Ibid., 8-14.

한편 아 라스코 역시 더 이상 루뱅에 머물러 있을 수 없었다. 박해의 현장을 떠나야 했다. 이때 그의 눈에 들어온 곳은 멀리 북동쪽에 있는 지역이었다. 루뱅을 떠나 북쪽으로 올라가며 아 라스코는 하르덴베르크가 있던 수도원에 잠시 머물렀다. 그러나 진리를 향한 나그네 여정은 아직 끝나지 않았다. 오늘날 차를 타고 네덜란드 북동부의 흐로닝언을 지나 20여 분만 고속도로를 달리면 독일 국경에 다다른다. 여기서 방향을 틀어 북쪽으로 제법 올라가다 보면 북해로 흘러나가는 엠스 강 하구에 위치한 작은 도시 엠덴에 다다르게 된다. 그곳이 바로 하나님께서 아 라스코에게 허락하신 피난처였다.

4

엠덴, 네덜란드 개혁교회의 시작

Chapter 04
엠덴, 네덜란드 개혁교회의 시작

나는 단 한 순간도 나 자신의 명예를 구하지 않고, 오직 모든 사람이 이제부터 영원까지 그 앞에 무릎 꿇어야 할 주님의 영광을 위해 일하고 있기 때문입니다.

자유의 땅, 프리슬란트

종교개혁에 대한 박해가 심해진 루뱅을 떠나 아 라스코와 그의 아내가 향한 곳은 멀리 북동쪽의 동프리슬란트였다.[38] 오늘날 독일 북서부의 끝에 위치한 동프리슬란트는 유럽 북부 해안 지역의 특색을 고스란히 가지고 있는 지역으로 언어를 비롯해 많은 부분에서 네덜란드와 밀접한 관계를 가지고 있다. 이 지

---

[38] 네덜란드 북부의 흐로닝언을 가운데 두고 서쪽이 프리슬란트, 동쪽이 동프리슬란트로 불리는 지역이다. 오늘날 프리슬란트와 흐로닝언은 네덜란드에, 동프리슬란트는 독일에 속해 있다. 16세기 신성로마제국의 일부였던 동프리슬란트는 백작의 통치하에 있었으며 엠덴이 수도였다.

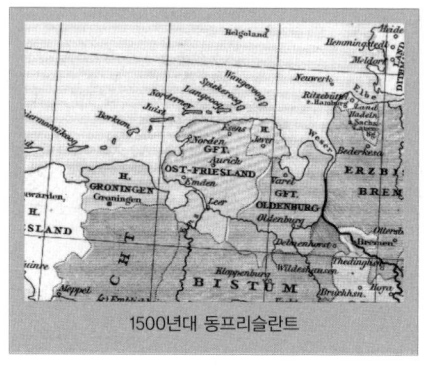

1500년대 동프리슬란트

역의 주민들은 거친 날씨에 맞서 살아야 했기에 강인했으나 또한 순박했다. 이들은 유럽 역사의 오랜 시간 동안 문명의 중심이 아닌 변방에 머무르며 왕의 지배 없이 마을마다 부족장의 리더십 아래 자치를 누렸다. 따라서 독립적이고 자주적인 성격을 가졌으며, 외세의 침입에 완강하게 저항하였다.

시간이 흐르며 지역 내의 주도권을 두고 내부의 치열한 투쟁이 이어졌는데, 노르덴(Norden)의 영주 엔노(Enno)의 아들 울리히(Ulrich I, Count of East Frisia, 1408-1466)가 결혼을 통한 세력 확장과 아버지가 닦아 놓은 기반을 통해 동프리슬란트의 통치권을 차지하게 된다. 일련의 권력 다툼은 1464년 황제 프레드릭 3세가 울리히에게 백작의 작위를 수여하면서 정리되고, 이후 그의 가문이 동프리슬란트를 통치하게 된다. 1499년부터 30여 년간 프리슬란트를 다스린 에드자르드 백작(Edzard I the Great, 1462-1528)은 백성에 대한 애정과 위정자로서의 재능과 열심을 겸비한 훌륭한 통치자였다. 하지만 에드자르드 백작이 세상을 떠난 후 뒤를 이은 아들 엔노 2세 백작(Count Enno II, 1505-1540)은 안타깝게도 모든 면에서 선친에 미치지 못했다. 국가를 위해 헌신하기보다는 영주로서 편안한 삶을 즐기는 것에 만족했다. 게다가 주변 세력과의 잇따른 전쟁은 상황을 더욱 악화시켰다. 그의 통치 아래 국력이 쇠퇴하고 백성들의 삶 역시 무거운 세금 아래 피폐해졌다. 10여 년의 통치 끝에 서른다섯의 젊은 나이로 백작이 세상을 떠난 후 남겨진 아들들은 아직 어린아이들이었다. 결국 아내인 백작부인 안나(Countess Anne of Oldenburg, 1501-1575)가 어린 아들들을 대신하여 섭정으로 나라를 다스리게 된다. 섭정이 된 그녀에게 주어진 여러 현안 중 가장 시급한 것은 나라 안의 종교적 혼란을 잠재우고 질서를 세우는 것이었다.

프리슬란트인의 강인한 성격은 기독교가 전파되는 과정에도 분명하게 나타났다. 전통적인 이교 신앙 안에 살던 프리슬란트인에게 본격적으로 복음이 전해지기 시작한 것은 8세기 프랑크 왕국의 샤를 마르텔(Charles Martel, 680-741)과의 전쟁을

안나 백작부인의 초상화
(엠덴 박물관 소장)

전후해서이다. 그는 전쟁에서 패배한 프리슬란트인에게 가톨릭 신앙으로 개종할 것을 요구하였으나 그들은 이를 완강히 거부하고 처형당했다. 부와 권력의 중심으로부터 떨어진 변방이었지만 자유와 고유의 전통을 지키며 살아온 그들에게 기독교는 외세의 침입과 동일시되었다. 하지만 복음에 대한 이들의 완강함은 기독교 신앙으로 돌아선 이후에는 흔들리지 않는 신실함이 되었다. 영국에서 태어났으나 독일에 복음을 전하는 일에 일평생 헌신하여 후에 독일인의 사도라 불리게 된 보니파티우스(St. Bonifatius, ca. 675-754)의 선교를 통해 프리슬란트인들은 복음을 받아들이게 된다. 하지만 기독교 신앙을 받아들인 이후에도 이들은 로마교회의 사제 계급이 일종의 지배계층으로 세워지는 것에는 격렬히 반발하였다. 형식적으로는 브레멘 주교와 뮌스터 주교의 관할 아래 분할되어 있었지만 실제로는 지역적 특색을 유지한 채 가톨릭교회의 권위가 제한적으로만 작용할 수 있었다. 이러한 상황 속에서 종교개혁에 대한 루터의 외침은 동프리슬란트인들의 가슴을 울렸다. 성군이었던 에드자르드 백작은 루터의 가르침에 매료되었고, 이를 수용하는 데 적극적이었다. 이내 종교개혁은 동프리슬란트 전역으로 퍼져나갔고, 네덜란드를 중심으로 한 공동생활 형제단 출신들은 종교개혁이 이 지역에 자리잡는 데 중요한 역할을 하였다.

  자유를 강조하는 프리슬란트의 전통적 특징은 종교개혁에

서도 나타난다. 루터의 종교개혁을 따랐으나 신학적으로 독립적인 특징을 드러냈다. 동프리슬란트 교회의 초기 신앙고백(1528)에서는 특히 성찬 부분에서 츠빙글리를 비롯한 개혁파의 입장에 기울어져 있었던 것을 볼 수 있다.[39] 이들에게는 종교적 관용과 자유가 폭넓게 보장되었다. 이러한 특징으로 인해 동프리슬란트는 로마 가톨릭교회와 종교개혁의 대립으로 박해가 이어지던 당시 유럽의 각 지역에서 모여든 종교 난민들에게 안식처가 되어주었다. 특히 이웃한 네덜란드에서 많은 이들이 신앙의 자유를 찾아 동프리슬란트로 건너왔는데, 이들 중에는 재세례파도 있었다. 루터파 목사들은 과도한 자유가 방종과 무질서로 이어질 것을 염려하여 당시 이단시되던 재세례파를 비롯한 다른 개신교 교파들과 갈등을 빚었다. 하지만 엔노 백작의 무기력한 통치는 종교 영역에서도 마찬가지여서 이러한 갈등은 해결되지 못한 채 커져갔다. 1540년 엔노 백작이 세상을 떠난 그해, 아 라스코는 네덜란드 흐로닝언을 거쳐 동프리슬란트의 엠덴에 도착했다.

1540년 루뱅을 떠나 네덜란드를 거쳐 마침내 엠덴에 도착한 아 라스코를 처음 맞은 것은 북부 유럽 특유의 차갑고 매서운 바닷바람이었다. 오늘날의 엠덴은 잘 정비된 거리 사이로 광장

---

39) Dalton, *John a Lasco*, 230.

엠덴 박물관. 1576년 처음 지어진 엠덴 시청사가
제2차 세계대전 폭격으로 파괴된 후 재건된 건물을 박물관으로 사용하고 있다.

과 건물들이 고즈넉한 아름다움을 느끼게 하는 도시이다. 하지만 500여 년 전 아 라스코 앞에 서 있던 엠덴은 성벽으로 둘러싸인 채 바다 앞에 내던져진 것 같은 초라한 마을이었다. 고귀한 혈통으로 나고 자라 당대에 손꼽히는 번영을 누리던 크라쿠프의 화려함과 안락한 생활에 익숙했던 아 라스코에게 그곳은 절해고도의 귀양지나 다름없었다. 그래서인지 이제까지 특별히 건강에 문제가 없던 아 라스코는 엠덴에서 보낸 첫해 겨울 심하게 병을 앓았다. 어떤 날은 글을 몇 줄만 읽어도 눈이 아파 괴로울 정도였다. 그러나 아 라스코에게는 이 또한 하나님 앞에 한 걸음 더 나아가는 귀한 연단의 과정이었다. 괴로웠던 겨울이 지나면서 다행히도 몸은 점차 회복되었고, 엠덴에서의 생활에도 익숙해져 갔다. 무엇보다도 온전한 신앙을 지키며 살 수 있다는 사실에 그는 감사했다. 이제 그가 그토록 원하던 대로 평온한 가운데 하나님의 말씀을 연구하는 일에 몰두할 수 있었다.

박물관 탑 전망대에서 내려다본 엠덴 구도심의 모습

아 라스코가 엠덴에 도착한 1540년을 전후하여 로마 가톨릭과 종교개혁 사이의 갈등을 해소하기 위해 레겐스부르크 회의(Colloquy of Regensburg, 1541)와 같은 일련의 시도들이 있었다. 그러나 그것은 결국 모두 실패로 끝나게 된다. 교회의 분열은 피할 수 없는 현실이 되었고, 아 라스코 역시 보다 분명하게 자신의 자리를 결정해야 했다. 물론 이미 그는 참된 진리를 찾아 나섰고, 결코 뒤돌아보지 않았다.

엠덴에서 소박하지만 평화로운 시간을 누리던 아 라스코에게 뜻밖의 소식이 전해졌다. 형 제롬이 크라쿠프에서 병상에 누워 동생을 찾고 있다는 것이었다. 명성 있는 외교관 제롬은 헝가리 왕좌를 둘러싼 권력 투쟁 가운데 초기에는 야노시를 위해 일하였으나 반역 누명을 쓰고 수감되었다가 여러 영향력 있는 지인들과 동생 아 라스코의 노력으로 풀려나게 되었다. 이후 야노시와의 관계가 최악으로 치닫게 된 제롬은 야노시의 반대파인 황제 카를 5세의 동생 페르디난트의 편으로 자리를 옮긴다. 하지만 페르디난트와 오스만 제국의 술탄 술레이만 사이를 중재하기 위해 위험을 무릅쓰고 나섰다가 다시 한 번 감옥에 갇혀 고초를 겪게 된다. 오스만 제국이 헝가리를 공격하여 점령하고 난 후에야 그는 가까스로 고국 폴란드로 돌아오게 되었으나 그때는 이미 건강이 심각하게 악화되어 있었다.

아 라스코가 마지막으로 크라쿠프를 떠날 때 그는 죽어가는 형의 마지막을 지키기 위해 돌아오게 될 것이라고는 전혀 생각지 못했다. 형제의 재회는 큰 기쁨이었으나 안타까움은 그보다 더했다. 다시 만난 형은 참된 진리를 찾기 위해 가족과 고국을 등지고 떠난 동생에 대해 어떤 원망과 불평도 하지 않았다. 다만 이후에라도 조국에서 자유롭게 일할 수 있는 기회가 주어진다면 어디에 있든지 다시 돌아오라는 당부를 남기고 제롬은 세상을 떠났다. 형의 죽음으로 로마교회의 잘못된 가르침을 따르던 이전의 아 라스코와 참된 진리를 좇는 지금의 그를 묶고 있던 마지막 고리가 사라지게 되었다. 주님 곁으로 형을 보내고 돌아온 아 라스코는 엠덴에서 하나님의 새로운 부르심을 듣게 된다.

1540년 엔노 백작의 서거 이후 백작부인 안나가 어린 아들들을 대신하여 섭정에 나섰다. 그녀의 어깨 위에 놓인 짐은 결코 가볍지 않았다. 이전에도 여성 섭정이 없었던 것은 아니다. 울리히의 아내 체다(Theda Ukena, 1432-1494)는 큰 아들 엔노 1세가 성년이 될 때까지 24년 동안이나 섭정의 자리에서 뛰어난 역량을 보여주었다. 그럼에도 당시의 혼란스러운 정세 가운데 권력을 공고히 유지하면서 나라를 이끈다는 것은 결코 쉬운 일이 아니었다. 세상을 떠난 엔노 2세의 동생 존(Johan I of East Frisia, 1506-1572)이 형수를 대신하여 조카들의 섭정권을 요구하고 나서면서 상황은 더욱 악화되었다. 그는 이미 막시밀리안 황제의 딸과 결혼하면서 동프리슬란트의 계승권을 포기하기로 서약한 상태였으나, 정작 형이 죽고 나자 황제의 위세를 빌어 동프리슬란트의 통치권을 욕심 낸 것이다. 어려운 순간 안나의 동생인 올덴부르크(Oldenburg)의 영주 크리스토퍼 백작은 누이를 돕기 위해 나섰다. 오누이 모두가 신실한 어머니의 영향으로 종교개혁에 헌신하고 있었다.

무엇보다 혼란 속에 질서를 회복할 필요가 있었다. 특히 로마교회의 도전이 계속되는 가운데 종교개혁을 완수하기 위해 교회 내의 질서가 요구되었다. 당시 동프리슬란트 교회는 로마교회의 잔재와 더불어 루터파와 개혁파, 재세례파 등 개신교 각 종파의 난민들이 함께 모여 있었다. 이런 시기에 안나 백작부인에게는 엠덴에 정착하여 지내던 아 라스코가 동프리슬란트를 위해 하나님께서 보내신 사람으로 여겨졌다.

안나 백작부인은 엠덴 교회의 설교자 자리를 새롭게 준비하여 아 라스코를 청빙하였다. 하지만 그는 프리슬란트에서 사용하는 네덜란드어가 익숙지 않기에 설교자의 자리를 맡을 수 없다며 사양하였다. 이에 크리스토퍼 백작은 동프리슬란트 교회를 위해 아 라스코가 반드시 필요한 인물이라고 누이에게 강권하였다. 백작부인은 다시 한 번 아 라스코에게 동프리슬란트의 모든 교회를 감독하는 감독직을 제안하였다. 세 번에 이어진 부름 끝에 마침내 아 라스코는 이것이 자신을 향한 하나님의 뜻임을 인정하며 순종하였다. 박해를 피해 찾아온 먼 이국의 땅, 이곳이 하나님께서 아 라스코를 사용하기 위해 준비하신 곳이었다. 1543년 초 아 라스코는 동프리슬란트의 감독 사역을 시작하였다.

동프리슬란트의 개혁자

"만일 내가 이 사안들을 정당하게 다루고 있는 것처럼 보이지 않는다면 나는 어떠한 반대 주장에도 귀를 기울일 준비가 되어 있습니다. 왜냐하면 나는 단 한 순간도 나 자신의 명예를 구하지 않고, 오직 모든 사람이 이제부터 영원까지 그 앞에 무릎 꿇어야 할 주님의 영광을 위해 일하고 있기 때문입니다. 아멘."[40]

루터와 초기 종교개혁자들을 통해 분출된 종교개혁의 불꽃은 뜨거웠으나 변화의 열망이 현실의 삶에서 열매를 맺는 과정은 결코 순탄하지만은 않았다. 종교개혁은 기존의 로마 가톨릭교회의 전통을 고수하고자 하는 거센 반발에 부딪혔다. 여기에 더해 프로테스탄트 진영 내부의 갈등이 상황을 더욱 어렵게 하였다. 시작은 성경에 기초한 올바른 기독교 신앙의 회복에 있었으나 점차 삶의 양식 전반에 대한 변혁으로 이어졌고, 이에 대한 저항도 더욱 거세져 갔다. 동프리슬란트에서도 마찬가지의 상황이 펼쳐졌다.

아 라스코가 감독으로 사역을 시작한 때는 동프리슬란트에서 종교개혁이 시작된 지 이미 20여 년이나 지난 후였으나, 오랜 시간 동안 사회 전반에 깊고 넓게 뿌리내려온 로마 가톨릭교회의 영향력은 쉽게 사라지지 않았다. 특히 프란체스코 수도사들의 활동이 이어지고 있었다. 이들은 존 백작의 비호 아래 자신들의 영향력을 지켜가고 있었다. 공식적으로는 종교개

---

40) *Opera* vol. I, 64.

혁이 진행되었으나 여전히 민간에서는 수도사들이 설교를 하고 세례식과 장례식을 집례하였다. 새로이 감독이 된 아 라스코는 이러한 무질서를 즉각 바로잡았다. 수도사들의 설교와 성례 집례를 전면 금지시켰다. 물론 수도사들은 크게 반발하였다. 그들은 아 라스코가 폴란드 출신의 이방인이라는 것을 강조하면서 그의 열정적인 개혁 정책을 공격하였다. 이에 맞서 아 라스코는 수도사들의 주장이 성경적 근거가 없다는 것을 알리기 위해 공개적인 신학 토론을 추진하였다. 이에 맞설 자신이 없던 수도사들은 신학적으로 맞대응하기보다는 개혁에 대한 대중의 반감을 부추기고 로마교회의 정치적인 외압을 통해 아 라스코의 개혁을 좌초시키려 하였다. 아 라스코에게는 온전히 하나님의 말씀에만 의지한 개혁에 대해 분명한 확신이 있었으나 참된 개혁은 잠시 불타는 열정만으로는 이룰 수 없다. 현실을 냉정하게 바라보며 멈추지 않고 개혁을 추진해 나갈 인내와 믿음이 필요했다. 이는 하나님께서 아 라스코를 개혁자로 세우기 위해 준비시키신 덕목이었다. 그는 포기하지 않았다.

로마 가톨릭 수도사들의 공격은 실제적이고 예리했다. 게다가 오랜 시간에 걸쳐 사람들의 일상 생활에 새겨진 가톨릭교회의 잘못된 관습을 바로잡는 것은 결코 쉽지 않았다. 프리슬란트 사람들은 고유의 전통과 가치를 훼손하는 것, 특히 자유를 침해받는 것을 싫어했다. 성상과 성화를 세우고 숭배하는 것은 오랫동안 그들의 신앙 중심에 있었다. 반면 아 라스코는 하나님의 말씀 외에 어떤 종류의 우상도 용납할 수 없었다. 게다가 정치적인 상황도 녹록지 않았다. 이웃한 네덜란드에서 신성로마제국의 황제 카를 5세가 강력한 힘을 바탕으로 종교개혁에 대한 탄압을 계속하였다. 백작부인 안나에게도 여러 방향에서 정치적 압박이 이어져 그녀의 통치권이 위협받는 급박한 상황이었다. 종교개혁에 대한 그녀의 믿음은 확고하였으나 안팎의 저항에 부딪히며 동요하였다. 아 라스코 역시 이러한 현실을 잘 이해하고 있었다. 하지만 이러한 우호적이지 않은 주변 환경과 이방인으로서 불안한 자신의 입지에도 불구하고 아 라스코는 하나님의 말씀을 언제나 우선시하였고, 말씀에 어긋나는 것과 결코 타협할 수 없었다. 동요하는 백작부인을 설득하고 격려하기 위해 보낸 아 라스코의 편지에서 그의 진심을 읽을 수 있다.

> "백작부인이여, 당신의 마음이 오직 하나님의 말씀만 따르며 순종하고 있다는 것을 공개적으로 고백해주시기 바랍니다. 만일 그렇게 하실 수 없다면 그리고 인간의 명령과 이 세상의 지혜를 따르고자 한다면, 저는 더 이상 당신을 위해서 일할 수 없고, 그렇게 하지도 않을 것입니다. 저는 하나님의 말씀의 종입니다. 저는 가장 초라한 형제에게서라도 배우는 것을 부끄러워하지 않습니다. 하나님의 말씀에서 벗어나 아

첨하고, 인간의 지혜와 관습에 매인 사역자가 된다면 저는 진리 안에 있을 수 없습니다. 인간의 일에는 인간의 지혜가 필요하겠지만 하나님의 거룩한 일에는 하나님의 위엄과 그의 거룩하신 뜻이 모든 것보다 앞서 있습니다. … 저도 제 처지를 잘 알고 있습니다. 저는 이방인입니다. 가정이 있습니다. 머물 집도 있어야 합니다. 제게 필요한 것들을 얻기 위해서는 사람들에게 미움받고 상처받아서는 안 되고 그들의 자비를 구해야 합니다. 사실 저도 모든 사람과 친구로 지내고 싶고, 다른 이들의 삶의 방식에 맞추어 살려고 노력합니다. 그러나 이것은 오직 하나님의 제단 앞에 서기 전까지입니다. 제가 모든 친구를 잃게 되고, 제 가족을 깊은 고통과 가난에 남겨두어야 할지라도 저는 결코 이 선을 넘을 수 없습니다. 만일 제가 그들에게서 아무것도 얻지 못한다 할지라도 모든 것을 먹이시는 주님께서 저의 모든 것을 돌보실 것입니다."[41]

흔들리던 백작부인에게 아 라스코의 진심 어린 조언은 하나님께서 주신 말씀처럼 들렸다. 백작부인의 답장을 보자.

"당신의 편지는 진실하고 용기 있게 우리가 하나님의 영광

---

41) Ibid., 2: *Opera* vol. II, 558.

을 위해 일해야 한다는 것을 상기시켜 주었습니다. 즉 우리가 많은 기독교인 왕들의 전례를 따라 우리의 교회에서 우상의 형상을 몰아내야 한다는 것을 깨닫게 했습니다. 우리는 이 같은 책망을 겸허히 받아들이고, 하나님께서 우리에게 하나님을 기쁘시게 하는 이 모든 것을 행할 수 있는 마음을 주실 것을 기도하겠습니다."[42]

프란체스코 수도사들은 존 백작을 통해 다시 한 번 백작부인을 압박하며 아 라스코를 감독직에서 해임할 것을 요구했다. 그러나 그녀는 더 이상 흔들리지 않았다. 수도사들의 모든 목회 활동이 금지되었고, 영향력을 상실하였다. 그들은 오직 수도원 안에서만 거주가 허락되었다. 아 라스코는 자신의 앞에 놓인 큰 산을 하나 넘을 수 있었다. 하지만 참된 교회를 지키기 위한 그의 여정에는 여전히 또 다른 산들이 놓여 있었다.

재세례파

종교개혁의 큰 흐름을 설명할 때 일반적으로 독일과 북유

---

42) Dalton, *John a Lasco*, 255.

럽을 중심으로 한 루터파와 스위스의 츠빙글리를 기점으로 칼빈을 거쳐 피난민 회중을 통해 특징지어진 개혁파로 나누어볼 수 있다. 이와 함께 빼놓을 수 없는 종교개혁의 한 지류가 소위 재세례파로 불리는 세력이다. 재세례파는 내부적으로도 신학적 통일을 이루지 못하였고, 신학적인 연관성이 없는 서로 다른 여러 무리를 재세례파라는 이름 아래 묶어 두었기에 재세례파의 고유하고 통일성 있는 특징을 말하기는 어렵다. 뛰어난 학식과 종교적 헌신을 겸비한 종교개혁자들을 통해 체계적인 신학을 정립한 루터파나 개혁파와는 달리 재세례파는 신비주의와 열광주의를 특징으로 하였고, 농노들의 민중봉기로 표출되었듯이 일반 대중 사이에 오랜 기간에 걸쳐 쌓여온 로마 가톨릭교회와 중세 봉건제도에 대한 반발을 동력으로 삼았다. 이들은 이 땅에서 완전한 성화가 가능하다고 여겨 세상과는 완전히 구별되는 그리스도인의 나라를 이 땅에서 이루고자 했다. 이름에서 볼 수 있듯이 거듭남의 증거로 로마 가톨릭교회에서 받은 이전의 세례를 무효화하고 다시 세례를 받는 것이 재세례파의 주된 특징으로 나타난다.

로마교회와 루터파 혹은 개혁파 사이의 갈등이 봉건제도와 교황 제도를 중심으로 하는 유럽의 옛 질서와 민족국가와 종교개혁에 기초한 새 질서의 충돌이었다면, 재세례파는 오랜 시간 동안 억눌려온 민중의 항거이자 도전이었다. 하지만 분노는 파괴를 위한 강력한 힘을 뿜어낼 수는 있어도 새로운 질서를 만들어낼 수는 없다. 재세례파 운동은 민중의 순수한 참여를 바탕으로 한다는 점에서는 의미가 있었지만 종교적 혼란과 사회적 무질서를 초래한다는 한계를 드러냈다. 그리하여 결국 로마교회와 종교개혁 양 진영 모두에게서 배척을 받게 된다. 특히 독일 농민전쟁(1524-1525)을 거치며 참된 신앙의 회복을 위한 종교개혁을 넘어 반사회적 폭력운동으로 변질되면서 철저한 진압의 대상이 되었다. 하지만 상대적으로 종교적 관용을 폭넓게 인정하였던 동프리슬란트는 박해를 피해 모여든 재세례파에게도 안식처가 되었다. 문제는 다양한 종교 분파가 모이면서 혼란이 가중되었고, 특히 극단적인 재세례파들로 인한 무질서가 야기될 위험이 있었다는 것이다.

이단 세력을 추방하라는 황제의 명령이 엠덴에 도착하였다. 이것은 개신교 전반에 대한 박해였기에 아 라스코와 백작부인 안나는 이에 저항하였다. 황제는 무역을 중단하겠다고 선언하며 압박하였고, 종교 난민들은 박해를 피할 수 없게 되었다. 아 라스코는 백작부인을 설득하여 사회적으로 유해한 무리들과 건강한 기독교 신앙에 기초한 분파들을 분별하도록 하였다. 특정 교파 중심의 강압적인 통합이 아니라 복음의 진리에 기초하여 사랑 안에 일치를 추구한 것이다. 그는 재세례파로 통칭되는 무리 가운데도 다양한 분파가 존재한다는 것을 인정하였고, 복음의 진리를 훼손하지 않는 한 재세례파의 요소들 역시 수용하고자 했다. 실제로 아 라스코는 재세례파의 다양성을 직접 경험하게 된다.

이미 1528년에 재세례파들이 동프리슬란트로 이주해왔다. 재세례파 운동은 네덜란드를 중심으로 본격화되었기에 주요한 초기 재세례파 지도자들의 대다수가 네덜란드 출신이었다. 자유와 관용을 강조하는 지역적 특색으로 인해 재세례파의 다양한 주장이 자리를 잡을 수 있었던 것이다. 그러나 신성로마제국 황제의 지배 아래 있던 네덜란드에서 개신교에 대한 철저한 박해가 시작되자 더 이상 쉴 곳을 찾지 못한 이들은 동프리슬란트로 이주하게 된다. 그리고 이곳에서 종교적 관용 가운데 평화롭게 자신들의 믿음을 지켜 나가게 된다. 그러나 얼마 지나지 않아 재세례파의 초기 지도자인 멜키오르 호프만(Melchior Hoffman, 1495-1543)이 엠덴을 방문하면서 상황이 바뀌었다. 1531년 엠덴에 재세례파 공동체를 구성한 그는 스트라스부르로 떠나기 전까지 동프리슬란트 재세례파의 지도자 역할을 하였는데, 영적 무질서와 사회적 혼란을 야기하는 재세례파의 부정적인 면모들이 호프만을 따르는 이들을 통해 나타나게 된 것이다. 그리고 이는 뮌스터 사태(1533-1534)로 이어지게 된다. 아 라스코가 감독직을 맡았을 때는 호프만의 제자 중 하나인 데이비드 요리스(David Joris, 1501-1556)를 따르는 무리들이 재세례파의 중요한 한 축을 이루고 있었다. 요리스는 신비주의를 추종하는 급진적인 재세례파의 전형을 보여준다. 그는 꿈과 환상을 통한 직접 계시를 통해 자신을 따르는 무리들을 이끌었다. 그들은 맹목적이었으며 지나친 열광주의에 심취해 있었다. 따라서 요리스의 추종자들을 온전한 진리 안에 포함시키기 위한 시도들이 있었으나 모두 실패로 끝났고, 최대한의 관용으로도 그들은 용납될 수 없었다. 결국 1545년 백작부인의 명령에 따라 이들의 가르침은 동프리슬란트에서 금지되었고, 이들은 추방되었다.

호프만과 그의 제자들로 인해 뮌스터의 참사가 동프리슬란트에서도 재현될지 모른다는 두려움이 커져올 시점에 프리슬란트 출신의 메노 시몬스(Menno Simons, 1496-1561)가 재세례파의 지도자로 등장했다는 것은 그들 자신에게나 다른 모든 이에게도 다행스러운 일이었다. 메노는 뮌스터 운동에서 나타난 폭력적 행동이 성경적이지 않다는 이유로 거부하였다. 그의 인도 아래 동프리슬란트의 재세례파는 극단적인 열광주의와 맹목

메노 시몬스

주의의 늪에서 빠져나올 수 있었다. 그릇된 신비주의의 장막이 걷히면서 죄악된 세상에서 구별된 거룩하고 순수한 신앙 공동체를 지향하는 재세례파의 긍정적인 요소들이 빛을 발하게 되었다. 메노파(Mennonites)는 뮌스터 참사를 야기한 급진주의자들과는 달리 경건한 생활과 화평한 삶을 추구했다. 이전의 오염된 세례를 무효화하고 거듭남의 세례를 다시 받는 것을 참된 교회에 속하는 과정으로 보았다. 국가권력과 교회의 철저한 분리를 주장했고, 유아세례를 비성경적인 관습으로 비판하였다. 교회사가인 이스텝(William Estep)은 재세례파의 역사를 '메노 이전과 메노의 인도 아래 그리고 메노 이후'로 나눌 것을 제안하기도 하였다.

아 라스코는 설득과 대화를 통해 메노파와 관계를 세우고자 시도하였다. 백작부인의 승인 아래 아 라스코와 메노의 공개 담화가 열렸다. 하지만 아쉽게도 결과는 실망스러웠다. 중요한 신학적인 논제들, 곧 그리스도의 성육신과 세례, 재세례파 사역자들의 말씀 사역을 보장하는 이슈들에서 합의를 이루는 데 실패한 것이다. 이후에도 둘 사이에는 서신을 통한 논쟁이 이어졌으나 문제가 된 부분들은 재세례파의 입장에서 무엇보다 결정적인 교리들이었기에 합의가 쉽지 않았다.

이 교리 논쟁에서 아주 인상적인 것은 아 라스코가 재세례파를 대하는 자세이다. 그는 전통이나 관습이 아닌 성경 해석에만 철저히 기반하여 자신의 교리적 이해를 주장하였다. 아 라스코는 개혁파 종교개혁자였지만 결코 특정 교파의 주장을 강화하기 위해 성경을 자의적으로 이용하지 않았다. 오늘날 개혁주의 신학을 지킨다고 주장하는 이들 가운데 교조주의적이고 맹목적인 태도를 가진 사람들을 종종 볼 수 있다. 아 라스코의 예에서 볼 수 있듯이 우리가 믿는 것은 특정한 신학이 아니라 하나님의 말씀 자체이다. 철저히 성경의 본문에 의지하는 것이 참된 개혁주의이고, 그리스도인의 길이라는 사실을 잊어서는 안 된다. 이에 반해 메노는 자신의 신학적 주장을 성경적으로 철저히 뒷받침할 수 있는 학문적 소양을 보이지 못했다. 아 라스코 역시 재세례파의 문제 외에도 해결해야 할 시급한 문제들이 끊이지 않았기에 메노에게만 집중할 수 없었다. 결국 아 라스코와 메노의 논쟁은 명확한 끝을 맺지 못한 채 흐지부지하게 끝나게 된다. 그럼에도 아 라스코가 메노파에게 보인 관용은 의미심장하다. 유럽 사회에서는 30년 전쟁의 참상을 겪고 난 이후에야 종교에 대한 관용이 확산되기 시작하였으나 이미 16세기 중반 엠덴에서 아 라스코는 복음의 진리 안에 관용의 모습을 보였다. 오늘날까지도 엠덴에는 메노파의 후예들이 남아 있다.

한편 재세례파와의 경험은 이후 아 라스코가 권징의 중요성을 분명하게 인식하게 되는 계기가 되었다. 1544년 하르덴베르크에게 보내는 편지에서 그는 재세례파를 비롯한 이단 문제와 이로 인한 갈등은 교회 전체가 온전한 권징의 질서 안에 서지 않는 한 해결될 수 없을 것이라고 말한다. 당시 엠덴의 부유한 시민 중에는 자신들의 경제적 편익과 오락을 위해 엄격한 권징의 시행을 내켜 하지 않는 이들이 있었다. 아 라스코는 이러한 방관자 같은 태도가 이단 확산에 책임이 있다는 것을 분명히 했다.[43]

또 다른 벽, 루터파

종교개혁은 단지 교회와 사회에 쌓여 있던 폐습을 철폐하는 것에 그치지 않는다. 하나님의 말씀에 기초한 온전한 신앙 공동체를 회복하기 위하여 교회의 제도와 질서를 새롭게 세워나가야 하는 복잡하고도 정교한 작업이다. 참된 교회의 회복에 대한 열정과 현실을 바라보는 냉정한 판단력, 무엇보다 하나님의 인도하심을 신뢰하며 어려움에 부딪혀도 포기하지 않는 인내가 요구된다. 이것이 아 라스코가 감당해야 하는 십자가였다. 동프리슬란트 교회의 종교개혁은 시작되었으나 제도적 정비가

---

43) *Opera* vol. II, 223; 574.

부족했고 교회 내의 무질서가 팽배했다. 따라서 종교개혁의 명확한 방향이 제시되고 교회법과 제도를 통해 개혁을 이루어 나가야 했다. 그런데 이러한 종교개혁에 대한 저항은 단지 교회 안에서만이 아니라 사회 전 분야에서 예기치 않게 튀어나왔다.

처음 종교개혁이 시작된 에드자르드(Edzard) 백작 시절, 네덜란드의 공동생활 형제단 출신의 아포르타누스(Georg Aportanus, 1495-1530)가 동프리슬란트 종교개혁의 선봉에 서 있었다. 그는 여러 면에서 츠빙글리로 대표되는 스위스 개혁파의 신학적 영향을 받았기에 초기 동프리슬란트의 종교개혁은 루터의 영향으로 시작되었으나 개혁파의 특징을 여러 부분에서 나타내기도 한다. 그러나 이후 엔노 2세 백작의 통치 시절 종교개혁이 방향을 잃고 흔들리기 시작한다. 우선 백작 스스로 종교개혁에 대한 분명한 확신이 없었다. 여기에 더해 1534년 로마 가톨릭파인 구엘더스의 찰스 공작(Charles II, Duke of Guelders)과의 전투에 패하면서 그는 동프리슬란트에 로마교회를 재건하라는 압박에 시달리게 된다. 동시에 엄격한 루터파로서 찰스 공작의 처남인 뤼넨부르그 공작의 영향으로 루터파 또한 본격적으로 동프리슬란트에 들어오기 시작하였다. 하지만 몇 해 지나지 않아 1538년 찰스 공작이 세상을 떠나고, 뤼넨부르그 공작의 영향력 역시 축소되면서 외부에서 강요되었던 루터파 교회법 역시 힘을 잃었다. 이후 동프리슬란트 교회에는 무질서와 혼란만

이 남게 되었다. 이러한 혼란을 수습할 역할이 아 라스코에게 맡겨졌다. 교회법(church order)과 권징(church discipline)의 부재로 인한 혼란이었으니 이를 수습하기 위해서는 교회법의 회복이 필요했다. 아 라스코는 교회의 제도를 새롭게 제정하며 질서를 바로잡기 시작했다.

아 라스코의 개혁은 단지 기존의 제도를 폐지하고 새로운 것을 도입하는 것에 그치지 않았다. 중세 이래로 동프리슬란트의 회중은 자신들의 설교자를 선출하는 일에 적극적으로 참여하였다. 로마 가톨릭교회의 전통에서는 찾아보기 어려운 특징이었다. 성도들이 교회 정치에 능동적으로 참여할 수 있었고, 투표를 통해 선출된 평신도 직분자(churchwardens)들이 목회적 돌봄을 수행하였다. 아 라스코는 이러한 전통적인 방식을 제도화하였다. 그러나 기존의 전통을 무조건적으로 수용한 것은 아니다. 스스로 성경적인 교회 제도에 대해 연구한 끝에 기존의 관습이 성경적 기준에 합당하다고 판단한 결과였다. 그리고 자칫 신앙적 기준이 확고하지 못한 평신도들이 잘못된 판단을 내려 문제가 일어날 것을 막기 위한 제도적 장치 역시 마련되었다. 즉 아 라스코가 사역을 시작한 이듬해인 1544년부터 엠덴에서는 권징과 치리를 담당하기 위해 교회회의(Kirchenrat)가 제도화되었다. 교회회의는 오늘날 장로교회에서 당회에 준하는 모임으로 엠덴 교회의 목사들과 네 명의 평신도 장로로 구성되었다. 전체 회중이 신앙의 기준에 따라 합당한 네 명의 장로를 선출하여 목사들과 함께 교회의 권징에 참여하도록 한 것이다. 이들은 성도들의 삶 일반을 살피고, 때로는 위로하고 격려하며, 또 때로는 죄에 대해 회개하고 돌아설 것을 권면하고 치리하였다. 치리가 없이는 참된 교회가 설 수 없기에 아 라스코의 노력은 계속되었다.

"만일 우리 성도들이 하나님의 말씀에 따른 교회의 치리를 기꺼이 받아들인다면 나는 그들의 설교자로 남을 것이다. 그러나 만일 그렇지 않다면 아마도 그들이 나를 몰아낼 것이다. 나는 누구도 교회의 권징에서 예외로 두지 않을 것이기에 그들은 나를 오랫동안 참고 견디지 못할 것이다. 그러나 나는 모든 것을 주님께 맡겨드리고 오직 이 한 가지, 곧 주께서 나의 직분을 주의 거룩하신 이름의 영광과 주의 몸 된 교회를 바로 세우는 일에 사용해주시기를 기도한다."[44]

감독 사역이 본격화되면서 교회 시찰 활동도 이루어졌다. 아 라스코와 동역자들은 지역 교회들을 순회 시찰하며 각각의 개 교회가 올바른 성경적 교리를 따르며 삶과 사역에서 건강하게

---

44) Ibid., 575.

세워지고 있는지를 살피고 돌보았다. 아 라스코는 교회의 권징을 중요하게 여겼다. 성도들이 성화를 이루어가는 것이 교회의 중요한 소명이고, 이를 위해 바른 권징이 시행되는 것은 필수불가결한 일이었다. 또한 성도들의 삶을 목회적으로 살피는 것만큼이나 중요한 일이 목회자들의 규율을 강화하는 것이었다. 종교개혁의 주요한 원인 중 하나인 성직자들의 도덕적 타락과 질적 저하를 막기 위해서라도 목회자들을 돌보는 일은 중요했다.

이를 위해 백작부인과 의회의 승인을 받아 코이투스(Coetus)라고 불리는 목사들의 모임이 구성되었다. 부활절부터 성 미카엘 축일(9월 29일)까지 매주 월요일 아침 지역의 모든 목회자가 엠덴에서 목사회(코이투스)로 모였다. 기도로 시작된 목사회 모임은 이어서 개별 목회자들의 도덕적인 삶을 시찰하였다. 상호 간에 기탄없는 논의가 이루어졌고, 드러난 문제에 대해서는 믿음의 형제에 대한 애정을 담은 진실된 권면과 합당한 책임을 묻는 절차가 이어졌다. 이러한 도덕적 시찰(censura morum)에는 아 라스코 역시 예외가 아니었다. 또한 교회의 성도들에게는 목회자의 도덕적 문제에 대하여 목사회에 문제를 제기할 수 있는 권리가 주어졌다. 이렇게 기존 목회자들에 대한 시찰이 끝난 후에는 새롭게 목회자 후보로 추천된 이들에 대한 시험이 이어졌다. 신실하고 올바른 삶을 고백할 수 있어야 설교자의 자리에 설 수 있었다. 도덕적 자질을 살핀 이후에는 설교자로서 설 수 있는 신학적 소양을 갖추었는지를 공개 토론을 통해 평가한 후 최종적으로 후보를 선정하였다.

목사회에서는 기독교 신앙의 주요 원칙들에 대하여 논의하였다. 앞서 재세례파나 루터파의 경우에서 보았듯이 종교개혁 당시는 성경 말씀에 기초한 바른 교리에 대한 논쟁이 극렬하게 이루어지고 있었다. 종교적 관용으로 인해 서로 다른 기독교 분파들이 자리잡고 있던 엠덴의 경우는 더욱 그러했다. 종교개혁을 완수하고 교회를 건강하게 세우기 위해서는 일련의 신학 논쟁들에 대해서 교회와 목회자들이 분명한 기준을 가지고 대처해야 했다. 따라서 목사회는 매주 주제 발제와 논평을 맡은 두 명의 설교자를 지명하고, 그 주제는 8일 전에 미리 공지하여 참석하는 목회자들이 준비할 수 있게 하였다. 참석자 모두에게 주제와 관련하여 토론에 참여할 수 있는 기회가 보장되었다. 목사회를 통해 목회자들은 신학적 일치와 화평을 지켜나갈 수 있었으며, 새로운 목회자들에게는 사역에 필요한 실재를 배울 수 있는 기회이기도 했다.

교회회의와 목사회를 통해 교회의 목양과 권징이 정상화되면서 동프리슬란트의 교회들은 비로소 안정을 찾게 되었다.

"기독교 교리의 유일한 원천은 하나님이다. 하나님께서는 성경을 통해 하나님의 말씀을 분명하게 알게 하신다. 인간의 주장은 오직 하나님의 말씀과 믿음의 가르침에 종속되어 있을 때에 한해서만 타당성을 갖는다."[45]

종교개혁 당시 교회 법령은 교육제도와도 밀접하게 연결되어 있었다. 목사회를 통해 합의를 이룬 교리는 교육제도를 통해 회중, 특히 아이들에게 가르쳐졌다. 에드자르드 백작 때 종교개혁이 시작되면서 공동생활 형제단의 교육제도 역시 함께 도입되었다. 1545년 안나 백작부인과 감독 아 라스코는 학교교육에 대한 중요한 결정을 내린다. 5-6세의 아이를 둔 부모들이 자녀들을 학교에 보내도록 교회의 목사와 직분자들이 시찰하는 일종의 의무교육을 도입한 것이다.[46] 아이들은 스스로 일할 수 있는 나이가 될 때까지 학교에서 교육을 받은 후 일자리로 나갔다. 학생들 중 뛰어난 자질을 가진 아이들은 마을이나 교회가 후원하여 상급 교육기관에서 공부를 계속할 수 있었다.

교육 내용은 기독교 교육의 오랜 전통에 따라 주기도문과 십계명, 사도신경으로 이루어져 있었다. 그리고 교리 교육의 필요에 따라 교리문답서가 요구되자 1546년 아 라스코가 주요 저

---

45) Ibid., 1: 481.
46) Peter Bartels, *Abriss Einer Geschichte Des Schulwesens in Ostfriesland* (Dunkmann, 1870), 7.

런던 교리문답서(1551)의 라틴어판(좌)과 네덜란드어판(우)
런던 교리문답서는 아 라스코의 1546년 엠덴 교리문답서의 번역본이다.

자가 되어 엠덴의 목사들이 교리문답서를 작성하였다. 곧이어 교리문답서는 회중과 학교 교육을 위해 사용되었다. 엠덴에서 사용된 교리문답서는 아 라스코가 런던으로 떠나 피난민 교회를 섬기게 된 1551년, 위텐호프(Jan Utenhove, 1516-1566)에 의해 네덜란드어로 번역되어 출판되었다. 교리문답서는 성도들의 일상 생활 가운데 하나님의 말씀을 적용시키는 도구로 사용되었고, 그들의 삶을 변화시켰다. 교회 공동체는 무엇보다도 동일한 신앙을 고백하는 공동체였기에 교리문답서는 교회의 정체성을 지키는 중요한 역할을 담당하였다. 교리문답서에 정확하게 답

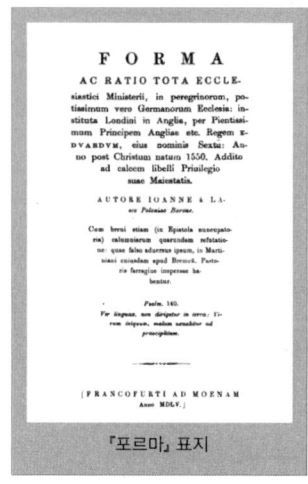

『포르마』 표지

할 수 있는 사람만이 성찬에 참여할 수 있었다.

아 라스코의 소명은 혼란한 동프리슬란트 교회의 질서를 회복하고 성경적인 교회법이 뿌리내리도록 하는 것이었다. 결코 쉽지 않은 환경 가운데서도 그는 성경의 진리에 관해서는 한 치도 물러서지 않았다. 그리하여 엠덴에서 아 라스코의 노력은 교회법을 통해 체계적으로 완성되었다. 하지만 바쁜 사역의 현장에서 그는 저술에 매진할 수 없었다. 그리하여 수년의 시간이 지난 1555년에야 그의 교회법인 『포르마』(Forma ac ratio)[47]가 프랑크푸르트에서 출판된다.

아 라스코의 사역이 시작되고 난 후 이어진 일련의 개혁 조

---

[47] 이 저술의 제목은 "Forma ac ratio tota Ecclesiastici Ministerii, in peregrinorum, potissimum vero Germanorum Ecclesia: instituta Londini in Anglia, per Pientissimum Principem Angliae etc. Regem Edvardvm, eius nominis Sextu"로 "영국의 가장 지혜로운 왕 에드워드 6세의 치세 동안 영국 런던의 외국인, 특히 독일인 교회의 전반적인 목회 사역의 양식과 방법"을 뜻한다. 이 책에서는 원제의 서두를 따서 '포르마'라 부르고자 한다.

치와 제도적 정비를 통해 동프리슬란트의 종교개혁이 안정을 찾아갔다. 하지만 이에 대한 반발도 계속되었다. 칼빈의 제네바 사역에서도 나타나듯이 종교개혁이 진행되고 교회 권징이 바로 세워지면서 이전의 세속적인 즐거움과 방탕한 삶을 더 이상 즐길 수 없게 된 것에 반발하는 무리가 나타났다. 이들은 지속적으로 개혁을 방해하고 나섰다. 하지만 보다 껄끄러운 반대는 루터파에서 나타났다.

이미 종교개혁의 초창기에 성찬론에서의 이견으로 인해 루터파와 개혁파의 갈등이 나타났다. 루터는 말년에 이르러 개혁파에 대한 배타적인 입장을 더욱 강하게 드러냈고, 이로 인해 종교개혁의 두 흐름 사이의 갈등 역시 심화되었다. 동프리슬란트에서도 개혁주의 입장에 서 있던 아 라스코의 종교개혁에 대한 루터파 목사들의 반발이 심해졌다. 당시 동프리슬란트에서 루터파의 수장은 노르덴에서 사역한 렘시우스(Wilhelm Lemsius)였는데, 렘시우스와 그의 동료 목사들은 아 라스코의 사역에 조직적으로 저항하였다. 그들은 아 라스코의 성찬관을 두고 성찬형식주의자(Sacramentarians)[48]라고 비난하며 목사회에

---

48) 로마 가톨릭의 화체설은 부인하였으나 공재설을 주장하며 그리스도의 육적 임재 자체를 부인하지 않던 루터파가 기념설이나 영적 임재설을 주장한 츠빙글리나 외콜람파디우스와 같은 개혁파 종교개혁자들의 성찬관을 비판하며 붙인 명칭이다. 주로 개혁파 개혁자들을 비난하기 위해 사용되었다.

참여하는 것을 거부했다. 이들은 백작부인의 명령에도 불복하면서 교회 권징이 강화되는 것에 반대하는 많은 이들이 자신들의 편에 설 것이라 확신하였다. 하지만 이런 거센 저항에도 불구하고 아 라스코는 흔들리지 않았다. 그의 친구이자 백작부인의 비서인 헤르만에게 보낸 편지에서 종교개혁에 대한 그의 확고한 신념이 드러난다.

"모든 공격의 진짜 이유가 다름 아니라 자신들이 즐기는 모든 것이 법으로부터 면제될 수 있다고 지금껏 생각해 온 사람들, 즉 우리에게 감찰을 받거나 소환되지 않을 것이라고 생각하는 사람들 때문임을 알고 있습니다. 그러나 내가 감독직에 있는 한 그들은 반드시 그렇게 될 것입니다. 나에게 가장 분명한 것은 내가 세상과 악마의 열정적인 공격에 맞서는 하나님의 종이라는 것입니다. 나는 나를 이와 같은 학교에 세우신 것에 대해 구원자 예수 그리스도를 통하여 아버지 하나님께 감사드립니다. 나는 하나님만이 내가 살거나 죽거나 오직 그의 이름을 영화롭게 할 수 있게 하시기를 기도합니다.

… 만일 백작부인이나 관료들 혹은 그 누구라도 내가 감독 직분에 합당한 능력을 갖추지 못했다거나 믿음직스럽지 못하다고 생각한다면 그들은 그저 '그 자리를 내놓으라'라고

한마디만 하면 될 것입니다. 만일 백작부인께서 이 일을 가슴에 품고 있지 않다면 그리고 그녀의 영지에서 참된 신앙을 지켜나가는 일이 당신의 직책에 속한 것이라고 생각하지 않는다면 내가 그녀를 위해 일할 필요가 무엇입니까? … 우리의 일이 단지 설교하는 것이라고 주장하는 소리를 들었습니다. 나는 이렇게 대답하고 싶습니다. 우리는 결코 개와 돼지에게 설교하지 않습니다. 즉 소화시키지 못한 음식물을 아무데나 토해내는 사람들에게 하지 않습니다. 이제껏 수년 동안에 걸쳐 설교를 해왔습니다. 이제 설교의 결과가 보여주는 것이 무엇입니까? 예전처럼 수도사들의 끔찍한 우상 숭배가 공공연히 이루어지고 있습니다. 누구도 그것을 막지 못합니다. 교회의 권징이 폐지되고 억압받고 있습니다. … 온갖 이단들의 안식처가 되었습니다. … 이것이 지금까지 오랫동안 우리가 복음을 설교한 가시적인 열매입니다. 그런데 여전히 계속해서 우리에게 '그저 설교만 하라'고 말합니다.

… 헤르만, 나는 당신이 백작부인과의 개인적인 대화를 통해 그녀의 의무에 대해 강하게 충고해주길 바랍니다.… 만일 내가 백작부인에게서 경건의 표시를 볼 수 없다면, 나는 머지않아 내 직책을 내려놓을 것입니다."[49]

---

49) *Opera* vol. II, 596.

아 라스코는 말씀의 권위가 무너지는 것을 용납할 수 없었다. 아 라스코에게 설교와 권징[50]은 분리될 수 없는 것이었다. 설교자들에게 "그냥 설교만 하라"고 주장하는 것은 잘못된 것이다. '말'뿐인 설교로는 성도들의 삶 가운데 감추어진 죄의 문제를 해결할 수 없다.

아 라스코는 교회의 회복을 위한 거룩한 의무를 다할 수 없다면 언제든 감독의 지위를 내려놓을 것이라고 선포하였다. 이같은 선언은 결코 헛된 위협이 아니었다. 사역을 시작할 때부터 아 라스코는 자리에 연연하지 않았다. 몇 달이 지난 1546년 봄이 되어서도 엠덴의 목회자들과 지역 교회들, 관리들이 계속해서 반발하며 일치된 성경적 교리에 불순종하고, 교회법에 따른 목양과 권징 사역이 제대로 이루어지지 않자 그는 주저하지 않고 감독직을 내려놓았다.

아 라스코의 사임은 충격적인 한 수가 되었다. 동프리슬란트 교회의 종교개혁을 위해서는 감독으로서 아 라스코의 역할이 반드시 필요했다. 긴 논쟁 끝에 6월 중순, 아 라스코의 복귀를 위한 여러 가지 조건이 준비되었다. 백작부인은 렘시우스와 동료 루터파 목사들이 아 라스코의 종교개혁에 공공연하게 반대

---

[50] 권징은 성도들의 일상 생활이 그리스도인으로서 신앙적·도덕적 기준에 합당한지를 살핀 후 위로하고 권면하며, 필요하다면 교회법에 따라 징계하는 목양 사역을 뜻한다.

하는 것을 금지하였다. 목사회에 참여하는 것이 의무화되었고 의무를 이행하지 않을 경우 목사직에서 해임될 것이라고 경고하였다. 또한 새로 임명되는 설교자는 모두 일치된 교회의 신앙고백에 동의한다는 서명을 해야 했다. 신념을 지키기 위해 자신들의 직책을 던질 용기가 없던 불평분자들은 아 라스코의 강력한 개혁 의지 앞에 굴복했다. 하지만 그들의 완고함이 모두 꺾인 것은 아니었다. 주변의 루터파 지역들, 브레멘과 함부르크, 멀리 비텐베르크까지 동프리슬란트 외부의 루터파 지역들에서 아 라스코의 개혁에 반발하는 압력이 가해졌다. 그러나 아 라스코는 이에 굴하지 않았다.

종교개혁에 대한 반대파들의 공격에 맞서 애를 쓰던 1546년은 아 라스코 개인적으로도 힘겨운 시간이었다. 이 해에 아들을 얻었으나 몇 달 지나지 않아 세상을 떠났고, 아 라스코 자신도 건강 문제로 힘겨워했다. 심한 눈병으로 글을 읽거나 쓰는 것이 쉽지 않았다. 하지만 여러 가지 어려움에도 불구하고 아 라스코는 본연의 자세를 잃지 않았다. 나그네 처지여서 경제적 여건이 좋지 않은 상황임에도 사람들과 나누고 베푸는 일에 인색하지 않았다. 온화하고 교양 있는 태도를 지켰으며, 때로 논쟁을 벌이는 상대에게도 인격적 모욕을 주는 것을 삼갔다.

쾰른의 종교개혁

감독직을 수행하는 중에도 종교개혁자로서 아 라스코의 활동은 동프리슬란트에만 국한되지 않았다. 그는 절친한 하르덴베르크의 추천으로 쾰른의 종교개혁에 참여하게 된다. 1542년 쾰른의 대주교이자 선제후로 신성로마제국 최고 권력자 중 하나인 헤르만 폰 비트(Hermann von Wied, 1477-1552)가 종교개혁에 대한 지지를 공개적으로 천명하였다. 대주교 폰 비트는 본래 철저한 루터 반대자였으나 로마 교황청과 갈등을 빚게 되었고, 개인적인 성경 읽기를 통해 내적 변화를 경험하였다. 특히 "아우크스부르크 신앙고백"을 깊이 연구하면서 그는 종교개혁으로 돌아서게 된다. 1541년 레겐스부르크 제국의회를 거치면서 종교개혁에 대한 대주교의 전향이 확실해졌다. 이후 그는 부서와 멜란히톤을 초청하여 종교개혁의 구체적인 실행을 맡겼다. 엠덴에서 아 라스코가 경험했던 것과 같이 종교개혁은 단지 신학 노선의 변화를 넘어 한

대주교 헤르만 폰 비트

사회의 전반적인 체제와 삶의 양식을 새롭게 정립하는 복잡하면서도 정교한 과정이었다. 이를 위해서는 다양한 재능이 필요했기에 부서와 멜란히톤을 중심으로 여러 개혁자들이 협력을 요청받았다. 당시 비텐베르크에서 머무르던 하르덴베르크는 멜란히톤의 추천으로 쾰른의 종교개혁에 합류하게 된다. 그는 선제후에게 아 라스코를 추천하였고, 초청 편지를 들고 엠덴을 방문하였다. 그 결과 1545년, 아 라스코가 백작부인의 승락을 얻어 쾰른을 찾게 되었다.

쾰른의 종교개혁 역시 쉽지 않았다. 부서와 멜란히톤은 각기 루터파와 개혁파에 속해 있었으나 교회의 일치를 위해 열린 자세를 고수하여 함께 사역하는 과정에서도 꽤 성공적인 조화를 이루었다. 그들은 종교개혁의 기준이 될 새로운 "교회법 초안"(Einfältiges Bedenken)을 작성하였다. 하지만 대주교의 종교개혁에 대한 강한 열망에도 불구하고 개혁의 전진은 쉽지 않았다. 안팎의 반대가 이어졌다. 쾰른의 종교개혁은 구교와 신교 모두의 동의를 얻기 위한 합의점을 제시하였으나 현실에서는 양쪽 모두에게서 공격을 받았고, 주교좌 성당 참사회는 개혁과정에 강하게 반발하였다. 그러나 노년의 대주교는 강한 의지로 개혁을 밀어붙였고, 종교개혁자들을 보호하였으며, 새로운 전례에 따라 성찬식을 진행하였다. 그리고 교황과의 관계를 끊겠다고 선포하였다. 황제 카를 5세는 제국의 중심에서 돌출된 변화를 방관하지 않았다. 대주교의 모든 권한을 빼앗겠다고 압박하며 개혁의 중단을 종용하였다. 결국 1546년 대주교가 파문되고, 황제의 신하들이 군대를 동원하여 위협하며 그의 정치적 권력을 박탈하면서 개혁은 실패로 돌아가게 된다.

아 라스코의 성찬관

아 라스코는 오직 성경에 기초하여 자신의 신학적 주장을 펼쳤기에 교리 논쟁에서 특정 교파의 편견에 사로잡히지 않았고 독립적이었다. 하지만 양 진영 간의 대립이 격화될 때 이러한 자세는 양자 모두에게서 비판받을 위험이 있다. 성찬에 대한 논쟁에서 바로 이러한 특징이 나타났다.

종교개혁 내부의 주된 갈등이 되었던 루터파와 개혁파 사이의 화평을 이루기 위해 일련의 시도들이 있었다. 그리하여 복음의 진리를 함께하는 양 진영은 많은 부분에서 일치를 이루었다. 그러나 성찬 문제에서만은 벽을 넘어서지 못했다. 성찬의 떡과 포도주가 실제 예수 그리스도의 육체가 된다는 로마 가톨릭의 화체설(transubstantiation)에 반해 스위스의 츠빙글리를 비롯한 개혁파는 성찬의 떡과 포도주를 예수 그리스도의 살과 피를 나타내는 일종의 상징으로 이해했다. 루터는 여기에 철학적 개념을 적용하여 그리스도의 성육신이 성찬의 떡과 포도주 가운데 임재한다는 공재설(consubstantiation)을 주장하였다. 그는 성찬에 대한 차이 부분에서 완고한 자세를 버리지 않았다. 개혁파의 성찬론에 대한 가시 돋힌 비판이 계속되었으나 아 라스코는 그 격렬한 논쟁에 참여하지는 않았다. 신학적 차이에도 불구하고 종교개혁의 시작을 외친 루터에 대한 존경의 마음을 잃지 않았기에 그를 비판하기보다는 자신의 성찬론을 설명하는 것에 집중하였다. 교부 크리소스톰의 마태복음 설교를 자주 인용하면서도 아 라스코의 기준은 오로지 성경에 있었다. 그는 모든 기독교 교리가 철저히 성경에 기초해야 한다고 주장하였다. 모두가 성경의 토대 위에 교리를 정립할 때 논쟁 가운데 일치를 볼 수 있다고 믿은 아 라스코는 스스로도 자신의 교리적 입장을 세우기 위해 츠빙글리를 비롯한 개혁자들이나 초대교회 교부들의 권위에 기대지 않았다.

쾰른의 종교개혁에 참가했던 1545년, 동프리슬란트에서도 성찬을 둘러싼 논쟁이 격화되면서 아 라스코 역시 자신의 명확한 입장을 밝힐 필요가 있었다. 다만 종교개혁의 대의를 이루기 위해 성경의 기본 진리에 동의하는 한 신학적 대립을 피하고자 했던 아 라스코는 감독이 직접 출판한 성찬론이 다른 생각을 가진 이들에게 불필요한 압박이 될 것을 염려하였다. 그리하여 그는 자신의 성찬관을 담은 서신을 가까운 지인들에게 보내는 편지 형태로 공개하였다. 불필요한 논쟁을 일으킬 수 있다는 지인들의 조언에 따라 출판이 미루어졌고, 이후 1551년 런던에서 출판되었다. 하지만 출판 이전에도 이 서신은 엠덴의 목사들에게 회람되었고, 엠덴 목사회의 신학적 기준이 되었으며, 그의 고백대로 이후 변함없이 그의 입장이 되었다.

웨스트팔은 아 라스코를 츠빙글리와 칼빈 등과 함께 성찬형식론자라고 비판하였다. 개혁파 내에서는 그가 츠빙글리의 기념설을 따른다고 주장하기도 한다. 실제로 루터파의 공재설에 맞서 성찬론을 펼 때, 그는 성찬의 떡과 잔이 그리스도의 실제적인 임재가 아니라는 것을 강조하면서 기념설로 이해될 수 있는 주장을 펴기도 한다. 그러나 폴란드로 돌아간 이후 폴란드 개혁교회를 세우는 과정에서 아 라스코는 칼빈의 영적 임재설을 모두가 동의할 수 있는 성찬의 기본적인 입장으로 제안한다. 그는 성찬은 그리스도와의 내적 연합을 나타내는 외적 행위라고 설명한다.[51] 아 라스코는 로마 가톨릭의 화체설과 루터파의 공재설에는 분명하게 반대했으나 개혁파 내의 입장 차이에 대해서는 유연한 입장을 취했다. 성경의 분명한 가르침에 반하지 않는다면 불필요한 충돌보다는 포용력 있는 이해를 따른 것이다.

---

51) *Opera* vol. II, 756.

다시 나그네의 길에 나서다

쾰른 종교개혁의 실패는 단지 한 지역에서의 실패로만 끝나지 않았다. 그것은 건재한 황제의 힘을 보여주는 동시에 종교개혁 진영의 취약함을 드러내는 상징적인 사건이었다. 쾰른을 덮었던 어두운 그림자는 점차 북동쪽의 엠덴을 향해서 확장되어 왔다.

황제의 매서운 탄압과 로마교회의 강력한 저항에도 불구하고 독일 내에서 종교개혁이 멈추지 않고 걸음을 내디딜 수 있었던 것은 종교개혁을 지지하는 프로테스탄트 선제후와 영주들의 영향력 덕분이었다. 그들은 종교개혁자들에게 든든한 버팀목이었으며, 배타적인 통치권을 행사하던 자신들의 영지에서 종교개혁을 앞장서 도입하기도 했다. 그러나 1540년대 중반에 접어들며 황제 카를 5세는 이제껏 그를 괴롭혀온 외부의 문제들, 즉 프랑스의 견제와 오스만 제국과의 전쟁을 어느 정도 정리하면서 독일 내의 문제에 집중하게 된 반면 슈말칼덴 동맹은 내부 갈등으로 인해 약화되었다. 그리고 그 결과는 1546년에 시작된 슈말칼덴 전쟁에서 확인되었다. 전쟁이 황제의 승리로 끝나면서 종교개혁이 결정적 타격을 입게 된 것이다.

카를 5세는 자신의 제국에서 종교적 갈등을 종식시키고자 했다. 그리하여 그는 당시 교황의 주도로 진행 중이던 트리엔트 공의회(the Council of Trent, 1545-1563)에서 로마 가톨릭교회가 인정하는 참된 기독교 교리와 예전의 기준이 최종적으로 결정될 때까지 이전의 루터파 지역에 적용될 종교 정책의 잠정적 기준이 되는 아우크스부르크 임시조약(Augsburg Interim, 1548)을 공포하였다. 이것은 로마 가톨릭의 입장에서 루터파의 주장을 다소간 받아들인 것이었다. 예를 들면, 성직자의 결혼이 허용되었다. 당시 성직자가 종교개혁을 수용한다는 분명한 증거가 결혼이었다는 것을 생각해보면 프로테스탄트의 입장을 수용한 것이었다. 또한 가장 첨예한 갈등의 원인이 된 성찬론에서 성찬의 잔은 사제만 받고, 평신도에게는 떡만 주었던 관례를 폐지하고 성찬에 참석한 모든 성도에게 잔까지 나누는 것을 허용하였다. 이에 반해 종교개혁 진영은 교황의 수위권을 인정하고, 로마 가톨릭교회의 7성사(the seven Sacraments)를 모두 받아들여야 했다. 성찬론은 화체설로 돌아가야 했으며, 성자에 대한 기도와 가톨릭교회의 축일 행렬 등 다른 예식들도 본래대로 회복되어야 했다. 카를 5세의 시도는 로마 가톨릭과 종교개혁 양쪽 모두의 강력한 반발에 부딪혔다. 로마 가톨릭은 황제가 너무 많은 것을 프로테스탄트에게 양보했다고 비판했으며, 종교개혁 진영에서는 아우크스부르크 임시조약을 종교개혁의 실패, 로마교회로의 복귀를 명령한 것으로 간주했다. 그럼에도 황제는 새로운 정책의 도입을 강행하였고, 황제의 영향력 아래 있는 지역들에서 많은 루터파 목사들이 조약에 대한 서명을 거부했다는 이유로 목숨을 잃거나 추방되었다.

임시조약은 전쟁에 패배한 프로테스탄트 제후들의 지역으로 점차 확대되었다. 결국 종교개혁의 좌절을 경험하게 된 많은 목사들이 자신들의 지위와 생계를 포기하고 진리를 지키기 위해 떠나야 했다. 그리고 이 어두운 구름은 이내 독일 북부의 동프리슬란트로 밀려왔다.

> "지금까지 항상 그래왔듯이 나는 신앙의 관점에서 아우크스부르크 회의를 생각한다. 만일 우리가 사람의 예견과 계산에 의해 신앙의 문제를 이끌어가려 한다면 그것은 인간의 안전장치를 위해 그것들을 강하게 할 수 있다고 생각하는 순간부터 내리막길로 치닫게 될 것이다."[52]

뮐베르그 전투(the Battle of Mühlberg, 1547)를 기점으로 슈말칼덴 전쟁이 프로테스탄트 진영의 패배로 끝나고, 아우크스부르크에서 전쟁의 후속 조치를 위한 회의가 벌어지는 동안 아 라스코는 변방의 동프리슬란트에 있었지만 누구보다 정확하고 신속한 정보를 얻을 수 있었다. 동생 스타니슬라스가 폴란드 대

---

52) Ibid., 615.

사로 회의에 참석하고 있었기 때문이다. 결국 아우크스부르크 임시조약이 발표되면서 아 라스코는 장차 교회에 닥쳐올 암울한 상황을 분명하게 이해했다. 두렵고 막막했으나 그는 이렇게 고백한다. "하나님께서 자신의 교회를 지키실 것이다."[53]

1548년 8월 말, 아우크스부르크 임시조약에 서명하라는 황제의 위압적인 명령을 들고 황제의 사자가 엠덴에 도착했다. 백작부인은 하이델베르크에서 팔츠의 선제후인 오토 헨리(Otto Henry, Elector Palatine, 1502-1559)를 만나기 위해 동프리슬란트를 떠나 있었고, 아 라스코 역시 잉글랜드를 방문 중이었다. 동프리슬란트의 종교개혁을 지키기 위한 고육지책이었다. 영주인 안나와 감독 아 라스코 모두가 부재 중이니 황제의 명령에 대한 결정을 조금이나마 늦출 수 있었다. 종교개혁에 대한 조언을 구하고자 하이델베르크를 방문했던 백작부인은 얼마 지나지 않아 별다른 소득없이 엠덴으로 돌아왔다. 진퇴양난의 상황이었다. 이제 본격적으로 자리잡기 시작한 종교개혁을 완수하기 위해서는 여기서 포기할 수 없었고, 그렇다고 황제의 명령에 맞서는 것은 동프리슬란트의 모든 사람을 위험에 빠뜨리는 모험이었다. 그리하여 고심 끝에 내린 결정은 지연책이었다. 황제의 심기를 거스르지 않으면서 변방의 작은 지역인 동프리슬

---

53) Ibid., 617.

란트에는 아우크스부르크 임시조약의 적용을 잠시 늦춰달라는 청원을 계속하는 것이었다. 그러나 카를 5세의 입장은 단호했고, 백작부인 휘하의 관료들 역시 황제의 명령을 수용하라며 압박하였다. 안나는 종교개혁을 지키기 위해 최선을 다했으나 언제 의지가 꺾일지 모를 위태로운 상황이었다.

이 시기, 아 라스코 역시 동프리슬란트 종교개혁에 닥친 위협을 이겨내기 위해 동분서주하였다. 아우크스부르크 임시조약에도 불구하고 교회의 일치에 대한 황제의 명령이 일사천리로 진행되지는 않았다. 슈말칼덴 전쟁의 패배로 프로테스탄트 진영은 결정적인 타격을 입었으나 로마 가톨릭과 카를 5세에 대한 독일 내 반발은 오히려 강해졌다. 신앙의 문제로 혹은 정치적 이유로 황제의 명령에 반대하는 세력이 여전히 존재했다. 독일 내의 프로테스탄트 제후들과 영국, 프로이센, 나아가 폴란드 등 주변 국가들을 규합하여 카를 5세에게 맞서려는 시도가 이어졌고, 아 라스코의 외교적 역량을 발휘할 수 있는 무대가 펼쳐졌다.

폴란드 국왕 지그문트 1세의 조카이기도 한 알버트 공작(the Duke Albert of Prussia, 1490-1568)은 기사이자 사제로 튜턴 기사단의 37대 단장이었다. 튜턴 기사단은 오랜 기간 폴란드를 위협하는 근심거리였다. 폴란드는 지그문트 1세의 통치하에 비로소 튜턴 기사단을 굴복시켰고, 알버트 공작은 1525년 프로테스

프로이센의 알버트 대공

탄트로 개종한 후 기사단을 탈퇴하고 폴란드 왕에게 자신의 영지를 인정받은 후 세속국가인 프로이센을 수립하였다. 알버트 공작은 종교개혁을 받아들였고, 나아가 루터파를 프로이센 공국의 국교로 삼았다.

알버트 공작이 폴란드와의 관계를 개선하는 과정에서 아 라스코의 삼촌 대주교 요한과 형인 제롬 등이 외교적 역할을 수행하면서 공작과 아 라스코의 집안 사이에는 오랜 시간 유대 관계가 있었다. 이미 1547년 알버트 공작은 프로이센과 영국의 반(反)황제 연대에 아 라스코가 가교 역할을 해줄 것을 요청한 것으로 보인다. 1548년 첫 번째 영국 방문에서 프로테스탄트 진영에 대한 영국의 지원을 확인한 아 라스코는 프로이센의 알버트 공작을 만나기 위해 단치히(Danzig)를 거쳐 쾨니히스베르크(Konigsberg)로 향했다. 그러나 이러한 외교 활동이 알려지면서 아 라스코는 황제의 분노를 사게 되었다. 그가 영국과 프로이센, 폴란드를 연합하여 황제에게 반역을 일으킬 음모를 조장했다는 것이다. 실제 반(反)황제 연대에서 아 라스코의 비중이 어느 정도였는지는 분명하지 않다. 아 라스코 본인은 자신이 이러한 음모에서 결백하다고 말한다. 여러 정황상 그가 처음부터 황제에 맞서는 국가 간 연합을 계획하고 추진한 것은 아닌 것으로 보인다. 탁월한 외교적 역량을 갖추었으나 그는 외교관이 아닌 목회자로 종교개혁자였다. 다만 프로이센과 영국 사이에 벌어진 외교 활동에서 아 라스코가 중요한 역할을 수행한 것은 분명하다. 1550년 다시 영국으로 향할 때, 그의 손에는 자신을 알버트 공작의 대사로 위임한다는 편지가 들려 있었다.[54]

알버트 공작의 우호적인 입장에도 불구하고 아 라스코가 쾨니히스베르크에 머무르는 동안 루터파 신학자들은 그에 대한 배타적인 자세를 버리지 않았다. 프로이센은 루터파를 국교로 삼았고, 개혁파에 속한 아 라스코는 환영받지 못했다. 그가 프로이센을 방문하기 직전 루터파 신학자인 오시안더(Andreas Osiander, 1498-1552) 역시 프로이센으로 망명하여 쾨니히스베르크 대학의 교수로 임명되었다. 뉘른베르크(Nuremberg)의 개혁자 오시안더 역시 아우크스부르크 임시조약에 대한 서명을 거부하고 추방당한 것이다. 교수 취임연설에서 오시안더의 주장은 루터파 내에서 칭의 문제를 둘러싼 거센 신학 논쟁을 불러일으켰는데, 이것이 잘 알려진 오시안더 논쟁(Osiandrian

---

54) Dirk W. Rodgers, *John a Lasco in England*, American University Studies Series Vii, Theology and Religion (New York: Peter Lang, 1994), 18.

controversy)이다.

프로이센에 머무르는 동안 아 라스코의 또 다른 목적은 조국 폴란드를 향하고 있었다. 그는 새로이 폴란드의 국왕으로 즉위한 지그문트 2세가 폴란드의 종교개혁에 나서기를 기대하였다. 기대가 이루어진다면 아 라스코 역시 고국으로 돌아갈 수 있을 것이다. 한편 아 라스코가 쾨니히스베르크에 머무르는 동안 엠덴에는 즉시 종교개혁을 포기하고 아우크스부르크 임시조약을 수용하라는 황제의 명령서가 도착해 있었다. 계속적인 압력에 시달리던 백작부인 안나는 결국 종교개혁의 후퇴를 결정하였다. 그리하여 동프리슬란트에도 아우크스부르크 임시조약이 도입되었다. 이에 노르덴의 렘시우스를 비롯한 루터파 목사들은 이를 수용하였으나 대다수 목회자들과 회중은 강하게 저항하였다. 이런 상황 가운데 아 라스코가 엠덴으로 돌아왔다. 그는 동료 목회자들과 성도들의 종교개혁에 대한 순수한 열정에 감격하였다. 공식적으로 임시조약이 동프리슬란트에서도 수용된 이후 그들은 예배당에 들어가지 못한 채 교회 마당에 모여 예배를 이어갔다. 목사회 모임도 계속되었고, 제대로 생활비를 지원받지 못하는 어려움 속에서도 목회자들은 목양 사역에 열심을 다했다.

하지만 황제의 궁정에서는 아 라스코를 중심으로 한 동프리슬란트의 저항이 주변 지역으로 확산될 것을 우려하였다. 결국 백작부인은 아 라스코에게 더 이상 황제의 위협에 맞서 그를 보호해줄 수 없다고 전하며 자신의 영지를 떠나줄 것을 요청하였다. 아 라스코 역시 동프리슬란트의 평화를 위해 스스로 떠나겠다고 결심했다. 1549년 10월, 아 라스코는 지난 10년 동안 자신의 집이자 사역의 현장이었던 엠덴을 뒤로 하게 된다. 야박하게 쫓겨나는 것은 아니었다. 떠나기 전날 200여 명의 성도들이 안타까운 송별의 저녁을 함께 하였다. 백작부인 역시 그가 자신의 소명을 다하지 못해서가 아니라 단지 황제의 요구로 감독직을 내려놓게 되었다는 것을 증명하는 추천서를 전해주었다. 평화의 시기가 다시 찾아오면 돌아올 것을 약속하고 아 라스코는 엠덴을 떠나게 된다. 10년 전 크라쿠프를 떠나던 때와 같이 다시 한 번 그는 나그네가 되어 길을 나섰다.

안타까운 이별이었으나 무작정 쫓겨나는 것은 아니었기에 새로운 안식처를 찾을 때까지 아 라스코의 가족은 교회의 지원으로 엠덴에 남아 있을 수 있었다. 엠덴을 떠난 아 라스코는 1547년부터 브레멘에서 설교자로 있는 오랜 친구 하르덴베르크와 만남을 가졌다. 그리고 1550년 4월 브레멘을 떠나 함부르크에 도착한 그는 이곳에서 루터파 신학자인 웨스트팔(Joachim Westphal, 1510-1574)을 만나 교제를 나누었다. 둘은 신학적으로 대립하는 사이였으나 인간적으로는 좋은 관계를 지킬 수 있었다.

함부르크에 머물던 아 라스코에게는 이제 세 가지의 선택지가 있었다. 먼저는 다시 엠덴으로 돌아가는 것이었다. 하지만 안타깝게도 엠덴에서 온 소식은 빠른 시일 안에 상황이 해결될 수 없다는 것을 확인시켜주었다. 다른 하나는 폴란드로 돌아가는 것이었다. 함부르크를 쉽사리 떠나지 못하는 이유 역시 아직 지그문트 2세의 답을 듣지 못해서였다. 기다림 끝에 마침내 폴란드에서 전해진 편지는 그의 기대와는 달랐다. 지그문트 2세는 아 라스코가 황제에 대한 반역 음모를 꾸몄다는 혐의에 대해 무고하다고 확인해주었으나 폴란드의 종교개혁이나 아 라스코의 귀환에 대해서는 언급이 없었다. 이제 길을 떠나야 했다. 하나님께서 이번에 그를 부르신 곳은 바다 건너 영국의 런던이었다.

5

런던, 박해받는 성도들의 피난처

Chapter 05
런던, 박해받는 성도들의 피난처

새롭게 출발하는 피난민 교회는 기존의 영국 국교회 법률과 규정에서 예외로 인정받았다. 국교회 주교들이 아닌 피난민 교회의 감독 아 라스코의 인도 아래 자체적인 교회법에 따라 예배와 목양을 진행할 수 있었다.

영국의 종교개혁[55]

루터가 비텐베르크에서 쏘아올린 종교개혁의 신호탄은 얼마 지나지 않아 바다 건너 영국에서도 빛을 발하였다. 하지만 아이러니하게도 영국 종교개혁의 결정적인 계기는 개혁자의 고귀한 외침이나 회중의 강력한 저항이 아니라 국왕의 개인적인 스캔들이었다. 1509년 잉글랜드 왕관을 이어받은 헨

---

[55] 영국의 종교개혁에 대하여는 다음을 참고하라. R. Rex, *Henry Viii and the English Reformation* (Palgrave Macmillan, 2006); A.G. Dickens, *The English Reformation* (Pennsylvania State University Press, 1991); C. Haigh, *The English Reformation Revised* (Cambridge University Press, 1987).

영국 왕 헨리 8세

리 8세(Henry VIII of England, 1491-1547)는 통치 초기 '신앙의 수호자'(Fidei Defensor)로 불릴 정도로 확고한 가톨릭 군주였다. 하지만 1527년 영국에서 전해진 소식은 유럽 각지로 확산되고 있던 종교 개혁으로 골머리를 앓던 교황에게 또 다른 충격을 안겨주었다. 헨리 8세가 순탄하지 못했던 10여 년의 결혼 생활 끝에 왕비 캐서린(Catherine of Aragon, 1485-1536)과 이혼하겠다고 나선 것이다. 이후 그의 이혼 결정은 누구도 예상치 못한 중대한 파장을 불러일으키게 된다.

훗날 여성 편력으로 유명해진 헨리 8세이지만 정작 자신의 첫 결혼을 결정하는 과정에서 그의 의사는 중요하게 고려되지 않았다. 그의 첫 아내 캐서린은 원래 일찍 세상을 떠난 형 아서(Arthur, Prince of Wales, 1486-1502)의 아내였다. 스페인 출신의 캐서린은 16세의 나이에 영국의 세자비가 되었으나 남편 아서가 결혼한 지 반년도 되지 않아 병으로 세상을 떠나면서 과부가 되었다. 일반적으로는 친정으로 돌아가 다른 혼처를 찾아야 하지만 시아버지 헨리 7세는 캐서린을 포기할 수 없었다. 애당초 아서와 캐서린의 결혼은 막대한 지참금을 챙기고 프랑스에 맞서 스페인과의 연대를 이루기 위한 정략 결혼이었던 것이다. 우여곡절 끝에 둘째 아들 헨리 8세와 캐서린을 결혼시켰다. 이때 23세의 캐서린은 남편보다 다섯 살 연상이었다. 시작부터 순탄하지 못했던 두 사람의 결혼 생활은 아이들의 잇따른 사산과 유산으로 더욱 악화되었다. 캐서린은 일곱 번이나 임신하였지만 둘 사이의 자녀는 딸 메리(Mary I, 1516-1558)뿐이었다. 헨리 8세는 이 모든 문제가 형의 아내와 결혼한 것에 대해 하나님께서 내리신 징벌이라 생각했다. 그리하여 이혼을 결심했지만 왕이라고 해서 모든 일을 자기 뜻대로 이룰 수 있는 것은 아니었다. 헨리 8세는 교황에게 자신의 이혼을 승인해줄 것을 요청하였으나 바라던 답을 얻을 수 없었다. 로마 가톨릭교회의 질서하에서는 이혼 자체가 쉽게 허락되지 않았기 때문이다. 게다가 당시 신성로마제국의 황제 카를 5세가 캐서린의 조카였는데, 그는 캐서린이 이혼당하는 불명예를 결코 원치 않았고, 교황 클레멘스 7세는 황제의 영향력에서 자유롭지 않았기에 이혼을 허락할 수 없었다. 왕인 자신이 스스로의 결혼과 이혼도 결정짓지 못한다는 사실은 헨리 8세를 분노케 했다. 애당초 형의 아내와 결혼할 수 없다는 말씀의 규정에도 불구하고 교황의 사면으로 결혼을 하지 않았던가? 그렇다면 이혼도 가능한 일이어야 했다.

헨리 8세의 집권 초기 실권자였던 추기경 울시(Thomas Wolsey, 1473-1530)는 캐서린과의 이혼 문제를 해결하지 못하여 왕의 신임을 잃게 된다. 요크 대주교이자 추기경으로 영국교회의 대표자였던 그는 정치적으로 수상의 자리에서 최고의 권력을 누리고 있었으나 왕의 분노에 맞설 수는 없었다. 울시의 실각 이후 토머스 모어(Thomas More, 1478-1535)가 수상의 자리에 올랐으나 왕의 신임을 받은 것은 울시 추기경 휘하에서 실무를 담당하던 토머스 크롬웰(Thomas Cromwell, 1485-1540)이었다. 그는 훗날 청교도 혁명의 지도자로 잘 알려지게 되는 호국경 올리버 크롬웰(Oliver Cromwell, 1599-1658)의 선조이기도 하다. 유능한 법률가이자 행정가였던 크롬웰은 헨리 8세와 캐서린 왕비의 이혼 문제를 해결하는 데 기여하면서 인정을 받게 되고, 1531년 수석장관의 자리에 오른다. 자신의 이혼에 반대하는 교황에 맞서 로마 가톨릭교회와 분리하여 영국교회의 종교개혁을 선포한 헨리 8세의 정책에 따라 크롬웰은 종교개혁의 제도적 기반을 마련하고 새로운 정책을 입안하였다.

한편 영국 종교개혁에서 보다 중요한 인물은 토머스 크랜머(Thomas Cranmer, 1489-1556)이다. 헨리 8세와 캐서린 왕비의 이혼을 지지하면서 왕의 신임을 얻게 된 크랜머는 1533년 영국교회를 대표하는 캔터베리 대주교로 임명된 이후 영국교회가 로마 가톨릭교회로부터 독립하는 종교개혁의 과정에서 신학적 토대를 제공하고 예배 제도를 새롭게 정비하는 일을 주도하였다. 크롬웰이 정치 영역에서 새로운 질서를 설계하였다면, 크랜머는 영국교회의 교리와 예전 부분에서 종교개혁을 구

캔터베리 대주교 토머스 크랜머

체화하고 실행에 옮기는 책임을 수행한 것이다. 영국교회의 독립을 위한 일련의 개혁 조치 끝에 1534년 수장령(The Act of Supremacy)이 공포됨으로써 영국 국왕을 교회의 수장으로 하는 영국 성공회가 출발하였다. 크고 작은 반발이 없지 않았으나 수장령에 서약하지 않는 자들을 사형에 처하면서 국왕은 개혁을 강하게 밀어붙였다. 영국교회와 교황의 관계가 끊어지고, 이전에 로마교회로 향하던 각종 종교세와 헌금이 국왕의 손으로 들어왔다. 헨리 8세의 종교개혁이 카를 5세를 견제하고 프로테스탄트 군주들과 새로운 동맹 관계를 맺기 위한 정치적 고려의 결과라는 주장도 있으나 헨리 8세와 캐서린 왕비의 이혼이 결정적 원인이라는 것에는 이견이 없다.

우여곡절 끝에 로마교회와 관계를 단절하고 종교개혁을 이

루었으나 헨리 8세가 주도하는 영국의 종교개혁은 여러 가지로 부족함이 있었다. 애당초 왕 자신이 신앙의 확신을 가지고 시작한 것이 아니었기에 구체적인 종교개혁의 과정에서는 타협적인 태도가 자주 드러나게 된다. 왕은 자신의 이혼을 막아선 교황에게 불만을 품었으나 가톨릭 신앙 자체에 대한 문제의식은 크지 않았다. 크랜머 역시 인문주의자 출신의 종교개혁자로 갈등을 조율하고 적절한 타협을 통해 난관에 봉착한 문제들을 해결하는 데 뛰어난 능력을 보였으나, 전적으로 국왕의 권위에 의지하여 개혁을 진행하였기에 대륙의 다른 종교개혁자들과 같이 종교개혁에 대한 강인한 도전정신은 보여주지 못했다. 로마 가톨릭교회에서 이탈한 것에 강하게 반대하는 보수파의 반발 역시 계속되었기에 크랜머와 동료 개혁자들은 본격적인 개혁에 나설 수 없었다. 오히려 크랜머가 반대파의 정치적 공격으로 위기에 처하기도 했다. 하지만 왕은 크랜머에 대한 신뢰를 놓지 않았다.

결국 종교개혁을 선포한 직후 영국교회는 로마 가톨릭의 옛 전통과 종교개혁의 성경적 질서 사이의 애매한 위치에 머물러야 했다. 왕은 자신의 영토 내에서 스스로 국왕이자 교황이 된 것에 만족했고, 하나님 말씀에 따른 바른 믿음의 회복이라는 종교개혁 본연의 가치는 무시되었다. 참된 신앙의 회복을 바라는 사람들의 가슴은 답답할 뿐이었다. 하지만 이런 상황은 1547년 헨리 8세가 세상을 떠나면서 새로운 전기를 맞이하게 된다.

헨리 8세의 사후 영국의 요시야 왕으로 불리는 에드워드 6세(1537-1553)가 1547년 열 살의 어린 나이로 즉위하면서 왕의 외삼촌인 에드워드 시모어(Edward Seymour, 1500-1552)가 서머싯 공작(the Duke of Somerset)의 작위를 받고 호국경(the Lord Protector, 1547-1549)으로 임명되었다. 이후 서머싯 공작을 중심으로 주요 인사들이 모여 구성한 추밀원(the Privy Council)이 어린 왕을 대신하여 일종의 섭정 통치에 나선다.

어린 나이에도 불구하고 에드워드 6세는 종교개혁에 대한 확고한 신념을 가지고 있었다. 서머싯 공작을 비롯한 추밀원 중 대다수 역시 종교개혁을 적극 지지하였기에 비로소 영국교회는 본격적으로 종교개혁에 나서게 된다. 가톨릭 신앙을 주도하던 이들은 정부 내의 주요한 자리에서 물러나게 되었고, 종교개혁을 지지하는 인물들이 빈 자리를 메우게 되었다. 종교개혁에 대한 박해를 피해 다른 나라로 떠나 있던 영국 출신 개혁자들도 고국에서 전해진 희망의 소식을 듣고 바다를 건너 돌아왔다.

서머싯 공작의 후원 아래 종교개혁을 진두지휘한 것은 역시 크랜머였다. 성화를 숭배하고 죽은 자를 위해 미사를 드리던 미신적인 관습이 금지되었고, 평신도에게 성찬의 잔을 주지 않던 가톨릭의 예전도 폐지되었다. 『공동기도서』(the Book of Common Prayer)와 『39개조 신앙고백서』(the Thirty-Nine Articles) 등 오늘날까지도 영국 성공회의 신학과 예전의 기준이 되는 주요한 제도와 문서들 역시 크랜머의 주도로 완성되었다. 이후 서머싯 공작의 독단적 리더십이 야기한 갈등과, 잇따른 전쟁과 반란 등으로 사회가 혼란해지자 일종의 친위 쿠데타가 일어나 추밀원의 주도권은 노섬벌랜드 공작(The Duke of Northumberland, 1504-1553)에게 넘어간다. 하지만 그 후에도 종교개혁은 차질 없이 진행되었다.

종교개혁은 한 사람의 능력에만 기댈 수 있는 일이 아니었다. 성경의 가르침에 따른 교리들을 제시하고 이에 따라 예배의 내용과 형식을 새롭게 정비해야 했다. 기독교 신앙과 삶이 분리될 수 없는 당시의 상황 속에서 교회의 개혁은 일상 생활 전반의 개혁이었기에 종교개혁으로 인해 파급되는 영향과 이에 따라 살펴야 할 부분들은 다양한 재능을 요구했다. 무엇보다 로마 가톨릭의 관습 아래 자리를 차지하고 있던 무능한 성직자들을 대체하기 위해 잘 교육받은 목회자들이 필요했다. 영국의 종교개혁이 진전될수록 명성과 실력을 겸비한 개혁자에 대한 크랜머의 갈망도 커져갔다. 영국의 종교개혁을 빠르게 안정화하기 위해서는 보다 많은 개혁자가 필요했고 그는 바다 건너 유럽 대륙에서 그 길을 찾았다.

당시 슈말칼덴 전쟁 패배의 여파로 각지에서 뛰어난 종교개혁자들이 사역의 자리를 잃고 떠나야 했다. 영국의 종교개혁이 시작되고 대륙의 프로테스탄트 군주들과 연대를 시작한 이후로 여러 개혁자들과 교류를 이어오던 크랜머는 이들을 영국으로 초대했다. 종교개혁의 큰 위기가 닥쳐온 대륙의 상황과는 달리 같은 시기 영국에서는 에드워드 6세의 즉위 이후 본격적인 종교개혁에 박차를 가하고 있었다. 아우크스부르크 임시조약의 여파로 스트라스부르에서 추방당한 마틴 부서와 이탈리아 출신의 개혁파 종교개혁자인 피터 마터 버미글리(Peter Martyr Vermigli, 1499-1562) 등이 영국으로 옮겨와 크랜머의 든든한 동역자로 영국의 종교개혁을 위해 헌신하였다. 그들은 케임브리지와 옥스퍼드 대학의 교수로 헌신하며 후대 목회자들을 양성하였고, 영국 종교개혁의 중요한 문제들을 논의하는 과정에 참여하였다.

크랜머는 여기서 그치지 않고 멜란히톤과 오시안더 등도 초청하려 했다. 그러나 성공하지 못했고 루터파와의 연대 추진도 헨리 8세와 비텐베르크 양측의 미지근한 태도로 인해 실패하였다. 에드워드 6세 치하에서 크랜머는 다시 멜란히톤을 초대하려고 시도하였으나 실패로 돌아가면서 영국 종교개혁은 개혁파 종교개혁자들의 주된 영향하에 진행되었다. 그리고 여기 크랜머의 부름에 응답한 또 한 사람의 개혁자, 로마 가톨릭의 박해를 피해 영국으로 건너가 믿음의 나그네들의 목자가 되는 아 라스코가 있었다.

새로운 안식처, 런던

아직 동프리슬란트의 감독직을 수행하고 있던 1548년 9월, 아 라스코는 종교개혁에 대한 황제의 압박에서 한 걸음 물러나 상황을 살피기 위해 런던을 방문하였다. 이미 크랜머에게서 초대장을 받은 터였다.[56] 크랜머는 영국의 종교개혁을 위해 대륙의 종교개혁자들을 초청하고 있었고, 아 라스코는 이 기회를 통해 자신과 엠덴의 피난민 회중이 머무를 수 있는 안식처를 찾고자 했다. 앞에서 살펴보았듯이 프로이센의 알버트 공작 편에서 외교 활동을 진행하는 것 역시 영국을 찾은 또 다른 이유였다. 그는 런던에서 여러 종교개혁자들과 만나 기쁜 교제의 시간을 누릴 수 있었다. 안팎의 공격에 시달리던 동프리슬란트에서는 맛볼 수 없는 평안한 시간이었다. 몇 달 앞서 영국에 들어온 버미글리를 만났고, 이후에 아 라스코와 함께 런던 피난민 교회, 특히 이탈리아 난민 교회를 섬기게 되는 오

---

56) Hastings Robinson, *Original Letters Relative to the English Reformation* (New York: Johnson Reprint Corp., 1968), 17.

키노(Bernardino Ochino, 1487-1564)와도 교제하였다. 오래전 루뱅에서 친분이 있던 스페인 출신의 개혁자 드라이안더(Francis Dryander, 1518-1552) 역시 영국에서 아 라스코와 재회하였다. 또한 아 라스코는 앞으로의 사역에 귀한 동역자가 되는 두 사람도 만나게 된다.

존 위텐호프(John Utenhove, 1516-1566)는 오래전 아 라스코가 바젤에서 에라스무스의 집에 머물던 시절, 에라스무스의 대필가로 일하다 아 라스코가 이탈리아로 떠날 때 동행했던 카렐 위텐호프의 형제였다. 그는 종교개혁에 헌신한 후 박해를 피해 고향인 네덜란드 헨트(Ghent)를 떠나 유럽 여러 곳을 옮겨 다니다가 1548년 스트라스부르의 개혁자들과 함께 런던에 들어와 있었다. 또한 서머싯 공작의 보호 아래 글래스턴베리(Glastonbury)에는 프랑스 방직공들로 이루어진 프랑스 난민이 정착하게 되는데, 이들을 섬기게 되는 목회자 폴랭(Valérand Pullain, 1509-1557) 역시 기억해야 할 인물이다. 대륙 각지에서 진리에 대한 열정으로 주의 몸 된 교회를 섬기기 위해 헌신하던 재능들이 박해받던 고향을 떠나 나그네가 되어 런던에 모였다. 영국의 개혁을 위해 하나님께서 준비하신 섭리라고 하지 않을 수 없다.

"지금 이 순간, 주님 안에서 우리의 신앙고백에 있어 같은 성령에 매인 바 된 이들과 함께 살 수 있는 피난처를 확인했다는 것은 분명 대단한 일입니다."[57]

크랜머의 손님으로 대주교의 궁에서 수개월을 머물면서 아 라스코는 영국 종교개혁의 현장을 직접 살펴볼 수 있었다. 어디서나 그렇듯 영국에서도 정치적인 입장 차이와 서로의 다른 신념으로 인한 갈등이 쉬지 않고 나타났지만, 교회를 교회답게 회복하기 위한 종교개혁의 전진은 계속되고 있었다. 이렇게 런던에서 겨울을 보내고 이듬해인 1549년 봄, 아 라스코는 런던을 떠나 엠덴으로 다시 돌아오게 된다. 런던에서 만난 동료 개혁자들은 그를 붙잡았다. 아우크스부르크 임시조약을 기점으로 종교개혁에 대한 황제의 박해가 심해지던 때에 다시 대륙으로 돌아간다는 것은 위험천만한 일이었기 때문이다. 게다가 종교개혁이 한창 진행 중이던 런던에서는 아 라스코를 필요로 하는 일이 여럿 있었다. 그러나 동프리슬란트의 개혁자는 자신에게 맡겨진 회중을 포기할 수 없었다.

위험을 무릅쓰고 엠덴으로 돌아온 아 라스코는 황제와 로마 가톨릭교회에 맞서 종교개혁의 연대를 이루기 위해 헌신하였다. 하지만 엠덴에 불어닥친 차가운 바람은 쉬이 가시지 않았다. 오히려 더욱 완강해진 황제의 위협으로 동프리슬란트 전

---

[57] *Opera* vol. II, 620.

체가 위험에 빠지게 되었다. 결국 아 라스코는 감독직을 내려놓고 10년간 머문 엠덴을 떠나게 된다. 1550년 5월 아 라스코는 가족들과 함께 런던에 도착했다.58)

런던의 종교 난민 공동체

"라스코가 5월 13일에 잉글랜드에 도착했습니다. 그가 온 것은 모든 성도에게 큰 기쁨입니다. 그는 런던에 남아 독일인 교회를 세우기로 결심했습니다. 라스코 본인이 그 교회의 감독으로 임명될 것입니다. 실제로 가장 중요한 일은 우리 동포들에 의해 소개된 이단들을 막기 위해 이곳 런던에서 하나님의 말씀이 독일어로 선포될 것이라는 사실입니다."59)

-1550년 5월 20일 미크로니우스가 불링거에게 쓴 편지 중

영국은 유럽 대륙과는 바다로 나누어져 있는 섬나라이지만

---

58) 아 라스코는 아내와의 사이에 네 자녀를 두고 있었다. 자신과 형의 이름을 물려받은 두 아들(존, 제롬)과 두 딸인 바바라(Barbara)와 수잔(Suzanne)이다. 안타깝게도 1551년 런던에 유행한 전염병(The English Sweating Sickness)으로 1552년 8월, 아 라스코의 아내가 세상을 떠난다. Richard Glen Eaves and William A. Carter, "John a Lasco: A Polish Religious Reformer in England, 1550-1553," *Journal of Thought* 14, no. 4 (1979): 314.

59) Robinson, *Original Letters Relative to the English Reformation*, 560.

이미 오래전부터 많은 사람들이 바다를 건너 오가며 유럽 사회의 일원으로 분명하게 자리매김했다. 여러 외국인들이 영국에 정착하여 거주하기도 하였다. 16세기에 접어들며 영국으로 이주해온 사람들의 특별한 점은 정치·경제적 목적이 주가 된 이전 시대의 이주민들과는 달리 종교적 박해를 피해 고향을 떠나온 종교 난민이었다는 것이다. 프랑스에서 프로테스탄트에 대한 박해가 시작된 1530년대(칼빈도 이 시기에 프랑스를 떠남)부터 시작된 영국으로의 이주는 1547년 황제가 선포한 아우크스부르크 임시조약으로 인해 가속화되었다. 아 라스코가 런던을 처음 방문한 때에는 이미 외국인 피난민으로 이루어진 공동체가 있었다. 정확한 설립 연도에 대해서는 논란이 있으나 대략 1548년도를 기점으로 캔터베리에 프랑스인 공동체가 구성되었다. 그리고 얼마 지나지 않아 런던에도 프랑스 난민 교회가 세워졌다. 이들은 이전에 어거스틴 수도회가 사용하던 어스틴 프라이어(the Austin Friars) 예배당에서 모임을 가졌다. 수도사들이 쫓겨난 후 창고로 쓰이던 건물은 여러모로 예배처로 사용하기에는 부족함이 있었으나 타국에서 모인 난민들에게는 그만한 장소도 없었다. 어쨌거나 런던에서는 목숨의 위협을 받지 않고 예배를 드릴 수 있었다. 비슷한 시기, 아마도 1547년을 전후하여 역시 종교 박해를 피해 영국으로 건너온 독일과 네덜란드 출신의 피난민들 역시 적지 않은 숫자가 모여 교회를 이루었다. 1549년 당시 케임브리지에 머무르던 부서는 하르덴베르크에게 쓴 편지에서 런던에 600~800명의 독일인(저지대국가, 곧 네덜란드 지역을 포함한 독일 북서부)이 머물고 있다고 전하며, 그들을 위한 목회자가 필요하다고 말한다.[60] 이들은 1549년부터 프랑스 회중과 함께 어스틴 프라이어 예배당을 사용하였다.

아 라스코 이전에도 외국인 피난민 교회가 운영되고 있었으나 정부로부터 온전하게 인정받지 못한 상태였다. 이런 상황 속에서 아 라스코는 영국 내 피난민 교회에 대한 문제를 완전히 해결해줄 수 있는 최적의 대안이었다. 1548년 첫 번째로 런던을 방문했을 때, 아 라스코는 엠덴에서 자신과 함께 했던 피난민 공동체가 런던으로 이주해와서 지낼 수 있을지 그 가능성을 확인하였다. 이에 필요한 사항들이 크랜머와 추밀원에 전달되었다. 네덜란드 회중 교회가 처음 구성될 때에도 아 라스코가 중요한 역할을 담당하였다. 이듬해인 1550년 5월, 아 라스코가 다시 런던으로 돌아왔을 때에는 사전 준비가 진행되고 있었고, 1550년 7월 24일, 런던 피난민 교회의 설립을 명령하는 에드워드 6세의 국왕 헌장(the Royal Charter)이 수여되면서 공식적으로 신앙의 자유를 찾아 영국으로 망명한 난민들을 위한 교회가 조직되었다. 이 헌장은 단순히 피난민 교회의 설립을 허락하는

---

60) Ibid., 539.

에드워드 6세가 아 라스코에게 국왕 헌장을 수여하는 장면

것을 넘어 영국의 종교개혁, 나아가 개혁과 종교개혁의 전진에 기여하게 되는 중요한 결정들을 담고 있었다.

"런던 시장과 법원들, 시의원들, 런던 주교 및 후임자들은 물론 대주교, 주교들과 판사들, 관료들 및 성직자들을 비롯한 우리 모두는 앞서 언급된 감독과 목회자들, 그들의 후임자들의 예전과 예배의식이 우리의 왕국에서 사용되고 것과 일치하지 않는다 하더라도 이에 대한 어떠한 탄핵이나 방해 없이 자신들만의 예전과 예배의식, 고유한 교회 권징을 자유롭고 평온하게 실행하고 영위하며 사용하고 행사할 수 있도록 허락할 것을 기쁘게 명령하고 지시한다."[61]

-1550년 런던 피난민 교회 국왕 헌장 중

아 라스코와 런던 피난민 교회

"이러한 방법을 통해 영국 교회들 역시 왕국 내 모든 계급의 만장일치의 동의를 얻어 사도적 순수성을 이루기 위해 나아갈 것이다. 국왕 스스로가 자신의 경건함을 통해 이 계획의 주창자일 뿐 아니라 수호자였다. 비록 중신들 가운데 거의 대부분이 이에 동의했고, 캔터베리 대주교가 모든 면에서 이 계획을 지원했다 할지라도 이 계획에 동의하지 않고 왕의 기구에 도전하려는 사람들이 있었다. 그러나 왕 자신이 그 권위로 이 조직(피난민 교회)을 설립했을 뿐 아니라 그 이면에 있는 설립 이유들을 바로 세우며 반대자들의 노력을 진압하였다."[62]

---

61) J. Lindeboom, *Austin Friars: History of the Dutch Reformed Church in London, 1550-1950* (The Hague: M. Nijhoff, 1950), 202.
62) *Opera* vol. II, 10f.

피난민 교회 예배당으로 사용된 어스틴 프라이어

에드워드 6세의 국왕 헌장에 따라 피난민 교회의 법적 기반이 마련되었다. 런던 피난민 교회의 이름 아래 네덜란드와 프랑스, 소규모의 이탈리아 회중이 각각 합법적인 조직교회로서 기능을 시작하였다. 각 회중을 이끄는 목사들이 임명되었고, 전체 교회를 총괄하는 감독으로 아 라스코가 임명되었다. 서로 다른 언어와 국적을 가진 다양한 피난민 공동체를 통일된 교리와 조직 아래 하나의 교회로 세우는 책임이 아 라스코의 어깨 위에 놓인 것이다. 이미 프랑스와 네덜란드 출신 회중이 예배당으로 사용하던 어스틴 프라이어는 '주 예수 예배당'(the Temple of the Lord Jesus)이라는 새로운 이름과 함께 피난민 교회의 예배당으로 공식 인정되었다. 오랫동안 제대로 관리되지 못한 예배당을 보수하기 위한 비용은 왕실 재정으로 충당하기로 했다. 여기서 무엇보다 인상적인 것은 아 라스코의 감독하에 있는 피난민 교회에게 당시로서는 이례적인 자율권을 보장한 것이다. 새롭게 출발하는 피난민 교회는 기존의 영국 국교회 법률과 규정에서 예외로 인정받았다. 국교회 주교들이 아닌 피난민 교회의 감독 아 라스코의 인도 아래 자체적인 교회법에 따라 예배와 목양을 진행할 수 있었다. 필요에 따라 목회자의 수를 조정하는 권한과 새로운 목회자를 지명하는 것도 온전히 피난민 교회의 자체적인 규례에 따르는 것이 보장되었다. 오직 초대교회의 사도적 교리와 선례에 따라 참된 성경적 진리를 좇는 신앙 공동체가 가능해진 것이다.

국왕을 수장으로 하는 영국교회 제도 내에 피난민들로 이루어진 공식적인 독립교회가 세워졌다. 종교개혁이 진행 중이기는 했으나 로마 가톨릭교회의 예전과 교회법의 영향이 여전히 남아 있던 주교제 중심의 영국교회와는 달리 개혁주의 신학과 예전을 토대로 장로교 정치 체계와 교회법에 의해 설립되고 운영되는 피난민 교회가 법적으로 인정받게 된 것이다. 피난민 교회의 목회자들도 예상치 못한 파격적인 조치였다. 이후 피난민 교회는 빠르게 정비되었다. 이미 자체적인 모임을 가지고 있던 회중들이 감독인 아 라스코의 인도 아래 새롭게 조직되었다. 동프리슬란트의 교회회의의 전례를 따라 1550년 10월에는 참된 기독교 진리를 지키고 성도들의 거룩한 생활을 돌보기 위해 회중마다 성도들의 투표로 네 명의 장로가 선출되었다. 아 라스코의 열정적인 동역자인 위텐호프 역시 그중 한 명이었다. 이어 구제 사역을 담당하기 위한 네 명의 집사가 선출되며 교회의 체계가 잡히게 된다.[63]

아 라스코의 감독 아래 네덜란드 회중을 섬기는 목사로는 마틴 미크론(Martin Micron, 1523-1559)과 월터 더룬(Walter Deloene)이 임명되었다. 헨트 출신의 의사였으나 종교개혁으로 회심하여 1544년 박해를 피해 고향을 떠난 미크론은 독일을 거쳐 스위스 바젤에 머물던 중 후퍼와 위텐호프를 만나 1549년 후퍼와 함께 영국으로 오게 된다. 또한 네덜란드 알크마르(Alkmaar) 출신의 더룬은 브뤼헤(Bruges)에서 개신교 목사로 사역하던 중 영국 피난민 교회의 목사로 오게 된다. 프랑스 회중의 목사로는 리처드 갈루스(Richard Gallus)와 프랑수아 리비에르(Francois Riviere)가 임명되었다. 이 외에도 소규모의 이탈리아 회중과 스페인 회중 역시 피난민 교회에 속하여 라스코의 감독을 받게 되었다.

---

63) Charles Hugh Egerton Smyth, *Cranmer & the Reformation under Edward Vi* (Cambridge: University Press, 1926; repr., 1970).

런던 피난민 교회에게 주어진 특권은 여러 상황이 맞물리며 만들어진 결과였다. 종교 박해를 피해 영국에 정착한 피난민 회중과 목회자들은 하나님의 말씀에 기초한 올바른 신앙을 지키겠다는 분명한 신념을 가지고 있었다. 무엇보다도 아 라스코가 피난민 교회에 신앙의 자유를 위한 특별한 조치가 필요하다는 것을 국왕과 추밀원에 설득해낸 결과였다. 에드워드 6세의 즉위와 함께 영국의 종교개혁이 본격화되면서 정책 결정 권자들이 이들 개신교 난민에 대해 우호적이었던 것도 중요한 배경이었다.

특히 에드워드 6세와 크랜머는 피난민 교회가 영국교회의 종교개혁을 위한 모델로서 역할을 해주기를 기대했다.[64] 크랜머는 분명 종교개혁에 대해 우호적이었으나 루터나 칼빈 혹은 부서와 멜란히톤과 같이 자신만의 분명한 개혁의 길을 보이지 못했다. 다양한 종교개혁 사상을 수용하여 개혁주의로 향하는 경향은 있었으나 이를 직접 영국교회에 적용하는 것에는 매우 보수적이었다. 피난민 교회의 자율성을 보장하여 개혁주의에 기초한 교회법과 예전에 따라 일상의 목회 활동이 이루어지게 하고, 이 과정을 살피며 상황에 맞게 영국교회에 적용

---

[64] Frederick Abbott Norwood, *Strangers and Exiles; a History of Religious Refugees*, vol. 1 (Nashville: Abingdon Press, 1969), 308.

하려 하였다.[65]

보다 시급하고 직접적인 필요도 있었다. 엠덴에서와 마찬가지로 박해를 피해 런던으로 모여든 피난민 중에는 급진적인 이단 사상에 사로잡힌 이들도 있었다. 대륙에서 건너온 피난민들은 영국 경제 발전에 크게 기여하였기에 환영받기에 충분했으나 제대로 통제되지 않는다면 사회의 불안 요소가 될 것이었다. 따라서 에드워드 6세와 크랜머는 영국교회에 직접 속해 있지 않아 관리가 어려운 외국인들을 피난민 교회 아래 감독하게 하면서 이단 사상이 영국교회로 직접 침투하는 것을 막으려 했다.

이처럼 여러 상황이 복잡하게 얽혀 있는 가운데 종교개혁자로서의 열정과 경험, 외교적 역량을 겸비한 아 라스코가 피난민 교회의 감독을 맡게 되면서 외부의 정치적 개입에 대한 우려 없이 주님의 몸 된 교회 본연의 사역에 집중할 수 있는 이상적인 조건이 완성되었다. 아 라스코의 감독 아래 피난민 교회의 목회자들은 오롯이 성경의 진리만을 설교하고 개혁주의 정신에 입각하여 목양에 전념할 수 있었다. 참된 교회를 위해 고향을 떠나온 성도들은 자신들의 기도대로 오직 하나님의 말씀에만 순종하는 믿음의 공동체를 이루게 되었다.

---

65) *Opera* vol. II, 10.

런던 피난민 교회의 예배와 신앙생활[66]

오늘날과 마찬가지로 런던 피난민 교회의 성도들에게도 주일 오전에 온 교회가 함께 모여 드리는 예배가 신앙생활의 중심이었다. 주일 오전예배를 위해 성도들은 주일 오전 9시에 예배당에 모였으며 인도하는 목사가 강단에 올라 기도하는 것으로 시작되었다. 주기도문이 이어지고, 악기 연주 없이 목소리로 시편 찬송을 불렀으며, 이어 성경을 낭독하였다. 본문은 임의로 정하지 않고 성경 전체를 매주 연결하여 읽었다. 목사는 주어진 본문을 주해하고 삶에 적용하며 성도들을 권면하는 설교를 한 후 다시 한 번 짧게 기도하였다. 그리고 십계명을 읽고 성도

---

[66] 여기에서 설명하는 런던 피난민 교회의 모습은 아 라스코의 『교리개요』(*Compendium Doctrinae*)와 『포르마』(*Forma ac Ratio*)에 기초한 것이다. 『교리개요』는 아 라스코가 1551년 출판한 신앙고백서이다. 런던으로 이주해온 모든 외국인이 피난민 교회의 일원이 되기 위해서는 여기에 공개적으로 동의해야 했다. 『포르마』에는 실제 피난민 교회에서 실행된 공예배의 순서가 기록되어 있다. 아 라스코는 1553년 런던을 떠난 후 『포르마』를 저술했고, 1555년 독일 프랑크푸르트에서 출판하였다. 런던에서 실제 목회 현장과 『포르마』에서 제시된 교회법이 완전히 동일하지는 않을 수 있으나 런던을 떠난 직후 저술을 시작하였고, 외부의 개입 없이 이상적인 교회법에 따라 목회 활동이 이루어진 런던 피난민 교회의 상황을 고려해볼 때 『포르마』가 실제 목회 현장의 경험을 반영한 것임은 확실하다. 네덜란드 회중의 경우 『포르마』에 서술된 교회법과 예배 모범을 직접 적용하였으나, 프랑스 회중은 많은 부분에서 제네바 교회법과 예배 모범을 따르면서 전체 교회의 통일을 위해 요구되는 부분에서만 아 라스코의 교회법을 따랐다.

들의 죄악된 삶을 돌아보도록 권면한 후 회개의 기도가 이어졌다. 기도 후에는 참된 회개를 통해 죄가 용서받았음을 선포하였다. 그런 후 사도신경으로 신앙을 고백하고 이 땅 위의 모든 교회와 목회자들, 국왕과 정부, 런던과 피난민 교회와 성도들의 삶을 위하여 중보 기도를 한 후 주기도문으로 기도 시간을 마쳤다. 예배를 마치는 마지막 시편 찬송을 부르는 동안 집사들은 예배당 출입문 곁에서 가난한 자들을 돕기 위한 구제 헌금을 걷을 준비를 했다. 그리고 축도로 예배를 마쳤다.

주일 오전예배 후에는 세례와 성찬의 두 가지 성례가 진행되었다. 성찬식은 매월 첫 번째 주일에 거행되었다. 성찬식은 2주 전에 미리 강단에서 예고되었고, 성도들은 성찬에 참여하기 위해 일상생활 가운데 경건하게 준비해야 했다. 장로들은 성찬에 참석할 성도들을 만나 참석자 명단을 미리 준비하였고, 영적으로나 도덕적으로 부적합한 자가 있는지를 살폈다. 성찬식이 있기 전날 오후 2시에 성찬에 참석할 사람들은 예배당에 모여 성찬의 목적과 의미에 대해 배워야 했다.

성찬식은 화려한 겉치레나 미신적인 관습을 배제하고 단순하게 진행되었다. 목사는 다시 한 번 성찬의 의미에 대해 전하고 관련된 성경 말씀을 읽었다. 그런 후 강단을 내려와 바닥에 준비된 식탁으로 옮겨가서 앉았다. 집례 목사가 식탁의 중앙에서 회중을 바라보고 앉으면 다른 목사들과 장로들, 집사들과 성도들이 둘러 앉았다. 집례자는 축사하며 성찬 떡을 떼어 접시에 담았고, 둘러 앉은 이들은 접시를 옆으로 전달하면서 성찬 떡을 먹었다. 포도주를 잔에 따른 후에도 역시 마찬가지로 차례로 전달하며 마셨다. 성찬이 진행되는 동안 목사 중 한 사람이 요한복음 가운데 선택된 구절을 낭독하였다. 참석자 모두가 떡과 잔을 받은 이후에는 식탁을 떠나 자리로 돌아갔고, 다른 성도들(공간의 문제로 모든 성도가 한 번에 성찬 식탁 주변에 앉을 수 없었다)이 식탁으로 나아와 앉아서 예식을 이어갔다. 장로들이 성찬식이 경건한 가운데 진행될 수 있도록 관리하였고, 모두가 성찬에 참여한 후에는 감사의 기도와 시편 찬송에 이어 축도로 성찬식을 마쳤다. 성찬식에 사용하고 남은 떡과 포도주는 가난한 사람들에게 나누어졌다.

세례식 역시 단순한 절차에 따라 목적에 충실하게 진행되었다. 오직 성도의 자녀들만이 세례를 받을 수 있었고, 세례 받을 아이와 부모의 이름, 주소와 생년월일이 기록되었다. 부모와 대부모(godparents, 신앙의 후견인)가 유아와 함께 앞으로 나오면 집례자는 성도들에게 세례의 목적과 본질, 세례 받은 아이의 권리와 의무에 대해 전한 후 기도하였다. 부모와 대부모에게 세례 받을 아이를 바른 신앙 안에서 기를 책임과 그 내용에 대한 질문이 이어지고, 부모들이 대답한 이후에 세례가 이루어졌다. 그런 후 감사 기도와 권면으로 세례식을 끝마쳤다.

성경에서 말씀하신 성례에는 포함되지 않지만 성도들의 삶에서 빼놓을 수 없는 중요한 과정 중 하나가 결혼이었다. 결혼식 또한 주일 오전예배가 끝난 이후에 거행되었다. 결혼을 앞둔 신랑과 신부는 예식에 앞서 교회의 장로들과 면담을 통해 결혼의 중요성과 책임에 대해 배웠다. 결혼식에서 집례 목사는 성도들에게 결혼의 중요성에 대해 설교하였고, 결혼하는 부부에게 권면하였다. 신랑과 신부의 혼인 서약이 끝나면 설교자가 두 사람에게 손을 얹고 기도한 후 시편 찬송을 부르는 것으로 예식이 이루어졌다.

주일 오후는 어린이들을 교육하는 시간이었다. 비록 당시에는 '주일학교'라는 표현이 없었지만 오늘 우리에게는 주일학교 시간으로 이해될 수 있다. 오후 2시에 부모와 함께 모인 아이들은 오전예배의 순서에 따라 예배를 드렸다. 다만 설교를 대신하여 강단 주변에 둘러 앉아 교리문답을 반복해서 암송하였고, 목사는 그 내용을 설명해주었다. 네덜란드 회중은 아 라스코가 엠덴에서 라틴어로 저술하고 위텐호프가 네덜란드어로 번역한 교리문답(Catechism)을, 프랑스 회중은 제네바 교리문답을 사용하였다. 250문답으로 이루어진 아 라스코의 교리문답은 1년에 두 번 전체 내용을 반복 학습할 수 있도록 구성되었다. 입교하기 위해서는 교리문답을 완전히 이해하고 암송할 수 있어야 했다. 5세에서 11세의 어린아이들은 미크론 목사가 작성한 소요리문답(Small Catechism)을 암송하였다. 한편 아이들의 교리 교육은 교회에서만 이루어지는 것이 아니었고, 가정에서도 부모들이 교리문답을 교육시켜야 했다.

주중에도 성도들이 바른 신앙을 지킬 수 있도록 교육하는 모임이 있었다. 그중 '프로페시'(prophesy)라는 이름의 성경공부 모임은 아 라스코와 런던 피난민 교회의 특징을 잘 보여준다. 본래 '프로페시'는 취리히 개혁교회에서 츠빙글리가 시작한 제도였다. 츠빙글리는 목사들이 하나님의 말씀을 선포한다는 것을 강조하여 그들을 '선지자'(prophets)라 불렀고, 목사들의 성경공부 모임을 '프로페시'라고 불렀다. 같은 명칭을 사용하지는 않았지만 칼빈 역시 제네바에서 목사들을 교육하고 교리의 일치를 지키기 위한 모임을 가졌다. 취리히의 전통을 받아들여 아 라스코가 런던에서 시행한 프로페시는 목회자뿐만 아니라 일반 성도 역시 참여할 수 있었다는 점에서 분명한 차이를 보인다.

프랑스 회중은 수요일 아침, 네덜란드 회중은 목요일 아침에 프로페시로 모였다. 특히 네덜란드 회중의 경우에는 이전 주일 설교 본문에 대한 주해와 토론이 이루어졌다. 누구든지 질문을 던질 수 있었고, 설교자는 자신의 설교가 성경 말씀에 충실하게 기초하고 있다는 것을 회중 앞에서 변호해야 했다. 프로페시에서 논의될 질문들은 사전에 장로들을 통해 코이투스(coetus)에 보고되어 적절한 질문인지 확인을 받은 후에 답변을 준비할 수 있도록 설교자에게 전해졌다. 이 밖에도 매주 월요일 저녁에는 아 라스코가 인도하는 신약 성경공부 모임이, 수요일 저녁에는 더룬 목사가 인도하는 구약 성경공부 모임이 있었다.[67]

런던 피난민 교회의 목회 활동은 감독인 아 라스코와 더불어 네 명의 목사와 장로, 집사로 이루어진 직분자들을 통해 이루어졌다. 매주 한 차례 각 회중의 목사와 장로들이 코이투스로 모였으며, 매달 첫 번째 월요일에는 런던 피난민 교회에 속한 모든 회중의 직분자들이 모두 함께 하였다. 엠덴에서 코이투스가 목사들만의 모임이었다면, 런던 피난민 교회에서는 오늘날 장로교회의 당회나 제직회와 마찬가지로 목회 활동의 구체적인 내용에 대해 직분자들이 모여 의견을 나누고 조율하기 위한 모임이었다.[68]

코이투스에서는 교회 전반의 사안에 대해 논의했으며, 특히 성도들의 삶을 돌보는 권징과 치리에 대해 다루었다. 아 라스코는 『포르마』의 5분의 1이 넘는 분량을 권징(disciplina ecclesiastica)

---

[67] Robinson, *Original Letters Relative to the English Reformation*, vol. 2, 587.
[68] 런던 피난민 교회의 상황상 노회와 총회의 지역 혹은 국가적 체계는 나타나지 않았으나 당회(coetus)를 중심으로 한 교회정치 체제는 장로교 정치의 원형(a proto Presbyterian Polity)이라 할 수 있다. Rodgers, *John a Lasco in England*, 57-58.

에 대해 서술하는 데 할애하고 있다. 권징을 강압적인 처벌이라 오해하기도 하지만 아 라스코에게 권징은 은혜의 법(lex caritatis)으로, 결코 성도들을 교권으로 위에서부터 강압하는 정죄와 처벌이 아니었다. 성도의 삶이 그리스도의 복음의 빛 아래 올바르게 세워질 수 있도록 믿음의 공동체가 함께 나누는 사랑의 경계이자 권면이었다.[69]

다양한 배경을 가진 런던 피난민 교회의 회중이 하나의 신앙 안에 공동체를 이루기 위해서는 권징의 바른 시행이 필수적이었다. 이를 통해 이국 땅에서 살아남아야 하는 피난민 회중의 정체성을 확립할 수 있었다. 권징에 대한 아 라스코의 이해는 이미 에라스무스의 영향으로 기독교 인문주의자의 위치에 서 있을 때부터 시작되었다. 이후 엠덴에서 감독으로서 재세례파와 급진주의자들에 맞서 교회의 일치를 지키기 위한 과정에서 분명하게 확립되었으며, 런던 피난민 교회에서 발전된 모습으로 나타나게 된다.

아 라스코의 교회법의 특징 중 하나는 성도들의 적극적인

---

[69] *Opera* vol.II, 175; Christoph Strohm, "Discipline and integration: Jan Laski's Church Order for that London Strangers' Church" in Randolph Vigne, Charles Littleton, and Huguenot Society of Great Britain and Ireland., *From Strangers to Citizens : The Integration of Immigrant Communities in Britain, Ireland, and Colonial America, 1550-1750* (Brighton ; Portland: Sussex Academic Press, 2001), 28-31.

참여를 지지한다는 것이다. 로마 가톨릭의 전통에 비해서는 물론이고 같은 개혁파 전통 안에 있는 개혁자들의 교회법에서도 찾아보기 어려운 정도의 참여의 권리가 회중에게 주어졌다. 이미 살펴본 것과 같이 프로페시를 통해 회중은 수동적으로 설교를 듣는 것에 그치지 않고 설교자와 적극적인 소통이 가능하였다.

아 라스코 교회법의 민주적인 특징은 목회자의 선출 과정에서도 나타난다. 새로운 목회자를 선출하는 과정은 단순히 대중의 의견을 모으는 절차에 그치지 않고 교회를 섬길 경건한 일꾼을 세우기 위한 거룩한 과정이었다. 따라서 선출 과정 동안 기도와 금식이 이어졌다. 성도라면 누구나 직분에 합당한 후보를 추천할 수 있었고, 지명된 후보는 코이투스를 통해 검증을 받아야 했다. 이때도 목사와 장로들만의 판단이 아니라 전체 회중의 의사를 반영하여 결정하였다. 최종 후보자가 발표된 후 일주일 동안 누구라도 반대 의사를 표명할 수 있었고, 마지막으로 전체 회중의 승인을 얻어 직분자로 임명되었다. 제네바 교회법에서는 당회가 후보자를 선출하고 전체 회중에게는 마지막으로 동의를 얻는 데 그쳤다면, 런던 피난민 교회에서는 목사와 장로를 비롯한 각 직분의 후보자 선정에도 회중의 의사가 적극 반영되었고, 최종 후보자에 대한 전체 회중의 투표를 통해 새로운 직분자를 세웠다.

장애물

크랜머가 주도하는 영국의 종교개혁은 신중한 만큼 더디게 진행되었다. 여전히 산재해 있는 반대파에 대한 염려의 결과였다. 크랜머의 가장 가까운 후원자 부서 역시 영국 종교개혁의 더딘 속도에 실망감을 표시하였다. 에드워드 6세의 통치가 시작된 후 정부와 교회에서 종교개혁에 반대하는 세력은 모두 배제되었으나 종교개혁의 진행 과정에 대한 의견 차이는 피할 수 없는 것이었다. 특히 1550년 존 후퍼(John Hooper, 1495-1555)로 인해 야기된 예복 논쟁(the vestments controversy)은 개혁자들 사이의 의견 차이를 분명하게 보여주는 사건이었다.

영국 출신으로 종교개혁으로 돌아선 사제 후퍼는 1540년대 중후반 대륙으로 건너가 취리히에 머물면서 불링거와 비블리안더(Theodore Bibliander, 1509-1564) 등 취리히 개혁자들의 영향을 받으며 개혁파 신학자로 활동하였다. 1549년 영국으로 돌아온 후퍼는 서머싯 공작의 궁정목사로 본격적인 활동에 나서게 된다. 그러면서 피난민 교회의 후원자로 참여하며 아 라스코와 친분을 나누게 된다. 고국에 돌아온 후퍼가 볼 때 크랜머가 주도하는 영국의 종교개혁은 지나치게 옛 관습에는 타협적이고 개혁에는 소극적이었다. 그러던 중 후퍼가 글로스터(Gloucester)의 주교로 임명되면서 사건이 시작되었다. 당시 사제의 임직(or-

글로스터 주교 존 후퍼

dination)은 크랜머가 부서와 협력하여 1549년에 제정한 『예배규칙서』(*Ordinal*)에 따라 이루어졌다. 후퍼는 성인들(Saints)에 대한 맹세와 성직자 예복의 착용 등을 규정한 『예배규칙서』의 예전에 따라 임직식을 진행하는 것을 거부했다. 그는 이러한 규정들이 성경적이지 않고 초대교회의 전례에도 없는 것이라고 비판하였다. 런던의 주교 리들리(Nicholas Ridley, 1500-1555)가 후퍼의 주장에 반대하고 나섰다. 문제의 핵심은 아디아포라(adiaphora, 성경의 진리에 반대되지 않아서 다양하게 해석될 수 있는 문제)에 대한 이해에 있었다.[70] 후퍼와 리들리 모두 임직에서 예복의 착용이 성경적 진리가 아니라는 것은 인정하였다. 다만 후퍼는 성경에서 명령하지 않은 규정을 지키는 것이 미신적인 관습으로 이어질 수 있다고 비판한 반면, 리들리는 진리에 상충되지 않는 아디아포라의 문제는 자유롭게 택할 수 있다고 보았다. 특히 국왕의 권위로 제정된 절

---

70) S. Brigden, *London and the Reformation* (Clarendon Press, 1989), 464-468.

차를 분명한 근거 없이 폐기해서는 안 된다고 맞섰다. 정부의 권위 아래 신중하게 종교개혁을 이끌어가려 한 크랜머는 물론이고, 부서나 버미글리 역시 후퍼에게 규정에 따를 것을 조언하였으나 아 라스코는 후퍼의 편에 서서 성경적이지 못한 관습을 강요하는 것이 잘못되었음을 분명하게 주장하였다.

> "당신이 [예복 논쟁과 관련하여] 나에게 보낸 편지를 보면 사건의 본질에서 벗어난 부분이 많이 있는 것 같습니다. 하지만 누구도 예복 자체가 하나님께서 만드신 모든 것처럼 좋은 것이라는 것을 부인할 수 없습니다. 이것은 예복 자체의 문제가 아닙니다. 오히려 이것은 예복의 종류와 특정 사용에 관한 문제입니다. 나는 이것이 좋은 것들을 오용하고 변질시키는 것이라고 여깁니다."[71]
>
> -아 라스코가 부서에게 보낸 편지 중

논쟁의 계기는 예복 착용의 문제였으나 그 이면에는 종교개혁 진영 내부의 갈등이 자리잡고 있었다. 헨리 8세 치하에서 보다 적극적인 종교개혁을 주장하다 추방되어 대륙의 종교개혁을 직접 경험하고 돌아온 후퍼와 같은 강경파와, 영국교회의 성

---

71) C. Hopf, *Martin Bucer and the English Reformation* (Wipf & Stock Publishers, 2012), 112.

직자로 서품되어 국왕의 권위를 지지하면서 점진적 개혁을 추진해온 온건파 사이의 긴장이 예복 논쟁을 통해 드러난 것이다. 논쟁이 격화되면서 후퍼는 예복 착용 자체가 단지 아디아포라의 문제를 넘어서 미신을 부추기는 잘못된 관습이라고 공격하였고, 리들리는 예복 자체보다는 교회의 질서와 권위를 지켜야 한다는 것을 강조했다. 추밀원과 리들리는 후퍼가 예복을 입지 않고 임직식에 참여하는 것을 허락한다는 타협안을 제시하였으나 후퍼는 강경한 비판을 멈추지 않았다. 결국 그는 감옥에 수감되어 옥고를 치른 후 1551년 2월 예복을 입고 임직을 받게 된다. 종교개혁이 치열한 갈등 없이 손쉽게 이루어질 수 없다는 것을 보여주는 사건이었다.

후퍼와의 논쟁에서 보수적 입장을 고수한 런던 주교 리들리가 아 라스코와 피난민 교회에 주어진 특권을 마뜩잖게 여긴 것은 당연한 일이다. 하물며 자신이 관할하는 런던 교구 안에 영국교회의 통제에서 벗어난 교회가 존재한다는 것은 용납하기 어려운 일이었다. 국왕 헌장으로 보장된 권리였기에 피난민 교회에 직접적으로 해를 끼칠 수는 없었으나 런던 주교의 영향력은 여러 경로를 통해 피난민 교회의 사역에 훼방을 놓기에 충분한 것이었다. 구체적인 사례를 살펴보자. 영국 정부는 런던 피난민 교회의 설립과 더불어 어스틴 프라이어를 왕실 재정으로 보수한 후 제공하기로 약속하였으나 예배당의 보수 공사는 도무지 진척이 없었다. 참다 못한 아 라스코가 주일예배를 위해 예배당을 사용해야 하니 열쇠를 달라고 요청하자 재무장관(the Lord High Treasurer)은 국왕의 선물인 예배당이 미완성인 채로 전달될 수는 없다면서 거절하였다. 그러면서 영국교회의 예전이 성경에 어긋나는 것도 아닌데 피난민 교회에서는 왜 이것을 거부하느냐고 따져 물었다. 미크론은 모든 일의 배후에 리들리가 있으며 재무장관은 런던 주교의 수하에 지나지 않는다고 전한다.[72] 1550년 10월에 마침내 공사가 끝났으나 태업은 계속되었고, 결국 아 라스코가 계속해서 추밀원을 통해 압력을 가한 후 12월이 되어서야 어스틴 프라이어에서 예배를 드릴 수 있었다.

하지만 리들리의 방해는 여기서 그치지 않았다. 리들리는 후퍼의 예복 사건과 연계하여 추밀원을 통해 피난민 교회의 사역을 막아섰다. 영국교회의 예전을 따르지 않는다면 성례전을 거행할 수 없도록 한 것이다. 이는 국왕 헌장을 위반하는 것이었고, 1551년 여름이 되어서야 왕의 명령에 따라 피난민 교회의 예전이 온전하게 이루어질 수 있었다. 하지만 피난민 교회에 대한 방해는 계속되었다. 1552년 가을, 피난민 교회의 성도 중 일부가 자신들이 거주하고 있는 지역 교회에 출석하지 않는다

---

72) Robinson, *Original Letters Relative to the English Reformation*, 569-570.

는 이유로 체포되었다. 피난민 교회의 성도는 영국교회에 속하지 않는데, 이를 무시한 것이다. 감독인 아 라스코가 고위층의 유력자들에게 강하게 항의하자 추밀원에서 잘못을 시정하라는 명령이 내려졌다. 이처럼 아 라스코를 성가시게 하는 문제들이 계속 있었다. 하지만 영국 정부의 대체적인 분위기는 분명 피난민 교회에 우호적이었다.

한편 피난민 교회에 주어진 특권에 반발하여 나타난 외부의 방해 외에 교회 내부에도 문제가 있었다. 런던 피난민 교회는 아 라스코를 감독으로 하여 서로 다른 민족으로 구성된 여러 회중으로 이루어져 있었다.[73] 그중 특히 성도가 많은 네덜란드 회중과 프랑스 회중 사이에서 크고 작은 갈등이 나타났다.[74] 어스틴 프라이어 예배당의 사용을 두고 생겨난 갈등이 대표적이다. 예배당은 교회 전체에게 주어진 것이니 전체 회중의 합의가 필요했다. 아 라스코의 주관하에 각 회중의 대표가 모여 회의한

---

73) 오늘날 한국교회의 일반적인 상황을 기준으로 하나의 지역교회가 네 분파로 분열되어 있는 것으로 오해할 수 있으나 실상은 각기 다른 배경을 가진 서로 다른 네 개의 피난민 회중(각자 별도의 구별된 교회에서 자신들의 언어로 예배를 드려왔다)이 '런던 피난민 교회'라는 이름 아래 통합된 것이다. 아 라스코는 당시 런던의 모든 외국인을 총괄하는 감독이었다. 이후에도 아 라스코의 감독 아래 각 회중은 자신들의 언어로 예배를 드리고 목사들에 의해 목양이 이루어졌다.

74) 이 시기 네덜란드 피난민 회중은 대략 3,000-4,000명에 이른다. Andrew Pettegree, *Foreign Protestant Communities in Sixteenth-Century London*, Oxford Historical Monographs (Oxford: Oxford University Press, 1986), 77f.

끝에 어스틴 프라이어 예배당은 네덜란드 회중이 주로 사용하고, 프랑스 회중은 기존에 사용하던 스레드니들 스트리트(Threadneedle Street)의 예배당에서 모임을 갖기로 하였다. 대신 프랑스 회중이 모이는 예배당의 수리비와 임대료 절반을 네덜란드 회중이 지원하고, 1년에 한

어스틴 프라이어 예배당

번은 프랑스 회중도 어스틴 프라이어 예배당에서 모이는 것으로 합의를 이루었다. 오늘날까지도 어스틴 프라이어는 네덜란드 회중의 예배당으로 사용되고 있다.[75]

두 회중 사이의 갈등은 신학과 예전에서도 나타났다. 취리히 전통에 가까운 네덜란드 회중과는 달리 프랑스 회중은 같은 프랑스어를 사용하던 칼빈의 제네바 전통을 따르고 있었다. 아 라스코는 피난민 교회가 성찬과 치리와 같은 예전 부분에서 일치를 이루도록 하고자 했으나 프랑스 회중 가운데서

---

75) 공식적인 교회명은 '더치 처치'(Durch Church, 네덜란드 교회)이며, 설립 연도는 1550년이다. https://www.dutchchurch.org.uk

제네바 전통을 고수하고자 하는 반발이 있었다. 모두가 개혁주의 노선에 서 있었기에 본질적인 차이는 없었지만 구체적인 적용에서의 차이가 갈등으로 나타난 것이다. 특히 프랑스 회중 내에서는 칼빈과 제네바 전통을 교조화하는 문제가 이미 나타나고 있었다. 이렇게 정도를 넘은 추종자들의 문제에 대해 칼빈은 스스로가 서신을 통해 사과하기도 했다. 결국 개혁주의 내에서도 취리히 전통과 제네바 전통 사이에서 균형을 지켜온 아 라스코의 인도 아래 프랑스 회중의 전통을 존중하면서도 공식적인 예전에서는 아 라스코의 교회법을 따르기로 결정되었다.[76]

한편 이 시기에 아 라스코는 개인적으로도 아픔을 이겨내야 했다. 1485년을 기점으로 역사적으로 '영국 땀병'(English Sweating sickness)이라고 불리는 전염병이 영국에서 창궐하였는데, 이 치명적인 전염병의 피해자 중에 아 라스코의 아내도 있었던 것이다. 10여 년 전 벨기에 루뱅에서 만나 종교개혁자의 아내로 헌신해온 아내를 잃게 된 아 라스코는 자신의 절반이 사라져 버렸다고 슬퍼했다. 게다가 당시 아 라스코 자신도 건강이 많이 좋지 않아서 두통과 고열에 시달리다 죽을 고비를 넘기기도 했다.

---

76) Rodgers, *John a Lasco in England*, 39-41.

"7월 런던에서의 열병은 상처를 많이도 남겼습니다. 아 라스코 역시 병에 걸려 위독한 지경이었습니다. 우리는 모두 그가 살아나지 못할 것이라고 생각하여 절망했습니다. 그러나 주의 은혜로 지금 그는 회복되었습니다. 우리는 무척이나 두려웠습니다. 지금 아 라스코가 세상을 떠난다면 런던 피난민 교회 역시 그와 함께 사라져버릴 것이기 때문입니다. 주님만이 교회의 유일한 보호자이십니다."[77)]

-1551년 8월 14일 미크로니우스가 불링거에게 쓴 편지 중

이렇게 아 라스코는 종교개혁자의 길을 가며 여러 가지 도전과 아픔을 겪었다. 그러나 참된 교회를 이루기 위한 그의 헌신적인 사역은 멈추지 않았다.

한여름 밤의 꿈

아마도 아 라스코는 엠덴에서 미처 꽃 피우지 못한 종교개혁의 결실을 런던에서는 이룰 수 있으리라 기대했을 것이다. 여러 상황이 우호적이었다. 이례적인 자율권을 보장받은 런던 피

---

77) Robinson, *Original Letters Relative to the English Reformation*, vol.2, 575-576

난민 교회는 개혁주의적 교회 정치제도를 구현해낼 수 있는 이상적인 환경을 갖추고 있었다. 교회 안팎에 여러 장애물이 있었으나 포기하지 않고 견뎌낼 수 있었다. 4년째로 접어든 피난민 교회의 사역은 안정적으로 진행되고 있었다. 그러나 모든 기대는 에드워드 6세의 갑작스런 죽음과 함께 한순간의 꿈으로 사라져버렸다.

1553년 여름 에드워드 6세는 심각한 열병에 걸려 건강이 갑작스레 악화되었다. 태어날 때부터 그는 원래 건강이 그다지 좋지 않았다. 그의 죽음을 염려한 추밀원에서는 왕의 친척으로 종교개혁을 지지하던 제인 그레이(Lady Jane Grey, 1537-1554)를 후계자로 내정하였다. 왕위 계승의 우선권을 가진 것은 에드워드 6세의 이복 누이인 캐서린 왕비의 딸 메리였으나 그녀는 어머니의 영향을 받아 충실한 로마 가톨릭 신자였기에 배제되었다. 그러나 메리 공주를 지원하는 가톨릭 진영에서 이러한 상황을 파악하고 먼저 반란을 일으켰다. 결국 열여섯의 어린 나이에 에드워드 6세가 세상을 떠난 후 메리 여왕(Mary I, 1516-1558)이 왕좌에 앉게 되고, 제인 그레이는 열여섯의 나이로 참수당하게 된다.

영국의 종교개혁은 여러 개혁자들의 헌신을 통해 착실하게 전진해오고 있었으나 메리 1세의 즉위는 이에 대한 강력한 반동이었다. 여왕은 로마 가톨릭으로 돌아가기 위한 여러 정책을 철저하게 추진하였고, 영국은 로마 가톨릭으로 빠르게 회귀하였다. 종교개혁에 대한 잔인한 탄압과 처형이 시작되어 메리 여왕의 치세 동안 수백 명이 처형당했다. 이로 인해 그녀는 '피의 메리'라는 악명을 얻게 된다.

피의 메리로 불린 메리 여왕

아 라스코와 동료 목사들의 헌신과 성도들의 열심으로 지켜온 피난민 교회 역시 신앙의 자유를 더 이상 보장받지 못했다. 메리 1세의 치세가 시작된 지 두 달이 채 지나기 전에 로마 가톨릭에 의한 박해가 본격화되었다. 복음의 진리를 지키기 위해 고향을 떠나 런던으로 온 믿음의 나그네들은 다시금 광야로 나서야 했다. 아 라스코를 비롯한 목회자들의 추방이 결정되었다. 아 라스코의 인생에 닥친 또 다른 좌절이었다. 이는 아 라스코의 사역이 동시대의 다른 개혁자들, 칼빈이나 불링거와 같이 주목받지 못한 이유 중 하나이기도 하다. 좀 더 긴 시간 동안 안정적으로 사역을 이어갈 수 있었다면 그의 사역 또한 '엠덴의 아 라스코' 혹은 '런던의 아 라스코'로 각인될 수 있었을 것이다. 하지만 하나님께서 그에게 맡기신 역할은 복음의 씨를 뿌리고 교회가 나아갈 길을 닦는 것이었다. 그 열매를 수확하고, 평탄해진 길을 걸어갈 소명은 다음 세대에게 주어졌다.

아 라스코와 영국 종교개혁

아우크스부르크 임시조약의 여파로 엠덴을 떠나야 했던 아 라스코에게 런던은 위기의 순간 하나님께서 허락하신 피난처였다. 그보다 앞서 바다를 건넌 부서와 버미글리 등에게도 마찬가지였다. 그러나 그들이 단지 개인의 안위만을 위해 멀리 영국까지 온 것은 아니었다. 런던은 하나님께서 부르신 소명의 자리였다. 아 라스코와 대륙의 종교개혁자들은 크랜머의 지원 아래 각자의 자리에서 영국의 종교개혁에 크게 기여하였다.[78] 아 라스코가 영국에 머문 시간은 3년 남짓이었으나 그가 남긴 유산은 16세기 영국의 종교개혁과 뒤를 이은 청교도 사상의 발전, 스코틀랜드 장로교회의 정립에 이르기까지 큰 흔적을 남기고 있다.

---

78) William M. Jones, "Uses of Foreigners in the Church of Edward Vi," *Numen* 6, no. 2 (1959).

런던 피난민 교회

무엇보다도 런던 피난민 교회의 안정적인 목회 활동 자체가 아 라스코의 사역이 영국의 종교개혁을 위해 남긴 큰 성과였다. 영국의 입장에서 외국인 피난민들의 유입은 위기이자 기회였다. 갑작스러운 인구 증가로 인해 예상되는 여러 가지 사회 문제는 차치하더라도 난민들에 대한 질서 있는 통제가 이루어지지 않을 경우 그들의 존재 자체가 심각한 사회적 위협이 될 수 있었다. 반면 신앙의 자유를 찾아 영국으로 건너온 피난민들이 경제 발전의 계기가 될 것이라는 기대도 있었다. 난민 대다수는 전문기술을 보유한 유능한 경제활동 계층이었다. 실제로 제네바와 스트라스부르, 런던과 엠덴 등 유럽의 여러 도시들이 프로테스탄트 난민의 유입을 통해 급격한 경제 성장을 누릴 수 있었다. 아 라스코와 런던 피난민 교회에게 이례적인 자율권이 보장되고 정부의 지원이 이루어질 수 있었던 중요한 이유 중 하나는 피난민 교회가 대규모 난민의 유입으로 인한 현실적인 문제들에 대해 효과적인 해결책이 될 수 있을 것이라는 기대 때문이었다. 이러한 영국 정부의 결정은 틀리지 않았다. 신앙의 자유를 찾아 런던으로 이주한 대륙의 난민들은 런던 피난민 교회를 중심으로 질서 있게 영국 사회의 일원으로 정착할 수 있었다.

아 라스코와 피난민 교회에게 맡겨진 또 하나의 역할은 이단의 무분별한 침투를 막는 것이었다.[79] 다양한 배경을 가진 난민의 유입은 영국 사회가 이단 사상에 노출될 위험을 높이는 일이었다. 피난민 교회는 이러한 이단 사상의 유입과 확산을 가장 앞서 검증하고 차단하는 방파제의 역할을 감당하였다. 아 라스코는 단지 피난민으로 구성된 교회를 조직하는 데 그치지 않았다. 외국인이 런던 시민권을 얻기 위해서는 피난민 교회의 일원이어야 했고, 피난민 교회의 성도가 되기 위해서는 누구나 신앙고백서에 공개적으로 동의해야 했다. 교회는 복음의 진리를 함께 고백하는 공동체이다. 단지 감독의 권한으로 억누르는 것이 아니다. 아 라스코와 피난민 교회는 개혁주의 신학의 토대 위에 성경의 진리 가운데 피난민 성도들을 이단 사상으로부터 보호하고 목양하였다.

피난민 교회의 성도들은 어린아이에서부터 장년에 이르기까지 체계적으로 구성된 교리교육을 통해 개혁신앙에 충실히 세워져 갔다. 이미 동프리슬란트의 엠덴에서의 사역과 다양한 외교활동을 통해 증명해 보였듯이 아 라스코는 진리의 문제에서는 단호했으나 종교개혁의 다양성에 대한 이해에서는 종교개혁자들 중 누구보다 관용적이고 유연한 자세를 고수하였다. 아 라스코의 사역을 통해 서로 다른 다양한 배경을 가진 피난민

---

79) Robinson, *Original Letters Relative to the English Reformation*, vol. 1, 560.

회중이 교회법의 질서 아래 일치를 이루게 되었다.

공동기도서

아 라스코가 영국 종교개혁에 끼친 영향에 대해 평가할 때, 1552년 『공동기도서』(Book of Common Prayer)를 빼놓을 수 없다. 캔터베리 대주교 크랜머가 저술하고 편집한 『공동기도서』는 1549년에 초판이 출판되었으며, 1552년판에서는 초판에서 다소 애매모호한 표현으로 인해 오해를 낳을 수 있었던 부

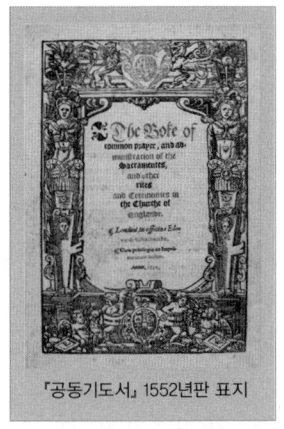

『공동기도서』 1552년판 표지

분들이 보다 개혁주의의 입장에 충실하도록 개정되었다. 일반적으로 부서와 버미글리가 1552년 『공동기도서』에 중대한 영향을 끼친 것으로 평가된다. 비록 아 라스코는 예복 논쟁으로 인한 갈등과 성찬식에 참여하는 방식에 대한 이견[80]으로 인

---

80) 이전까지 로마 가톨릭의 예전에서는 성찬을 받을 때 무릎을 꿇도록 되어 있었다. 크랜머를 비롯한 의회의 유력자들은 기존의 관례를 유지하고자 했다. 반면 아 라스코는 성찬 중 무릎을 꿇는 것이 엄연히 미신적 행위임을 비판하며 성찬 상 주변에 둘러 앉아 성찬에 참여하는 것을 주장하였다. 이것은 단지 형식적인 행위에 대한 논쟁이 아니라 성찬의 본질과 직접 연관된 문제였다. 아 라스코는 성찬의 떡과

해 『공동기도서』를 준비하는 위원회에 직접 이름을 올리지는 못했지만 그 역시 『공동기도서』에 일정한 영향을 끼쳤다는 것은 분명해 보인다. 특히 성찬의 떡과 잔을 받을 때 무릎을 꿇는 관습에 대한 아 라스코의 비판에도 불구하고 이러한 내용이 『공동기도서』에서 완전히 삭제되지는 않았지만 '검정 지시문(Black Rubric)'[81]이라고 불리게 되는 설명이 추가되면서 무릎을 꿇는 형식이 갖는 문제점을 보완하게 되었다. 이 밖에도 아 라스코의 교회법과 『공동기도서』의 구체적인 내용을 비교해보면 그의 교회론과 예배관이 『공동기도서』에 반영되어 있음을 확인할 수 있다.[82]

『공동기도서』는 영국 종교개혁의 산물로서 공예배의 표준예식을 규정하고 있는 저술이다. 이후 수차례의 개정을 거쳐 오늘날까지도 영국 성공회의 표준예식서의 역할을 하고 있다. 주일예배의 각종 예전에 대한 내용은 물론이고 매일 아침 기도회와 저녁 기도회, 성찬식, 세례식, 장례와 결혼 등 영국교회 성도들의 신앙생활 전반에 관한 구체적인 절차와 형식, 성경 구절과

잔을 받을 때 무릎 꿇는 행위가 떡과 잔을 예수 그리스도의 실재하는 몸과 피로 믿고 경배하는 것을 배경으로 하기에 로마 가톨릭의 화체설을 수용하는 것이라고 비판하였다. 후퍼와 녹스는 아 라스코의 견해를 지지하였다.

[81] 중세 이후 내용에 삽입되는 지시문은 붉은색(Red Rubric)으로 인쇄되었으나 1552년 『공동기도서』의 내용 중 성찬에서 무릎 꿇는 것에 대한 지시문은 검정색으로 인쇄되었기 때문에 이후 '검정 지시문'(Black Rubric)으로 불리게 된다.

[82] Rodgers, *John a Lasco in England*, 141-149.

시편 찬송 등을 담고 있다. 전반적으로 성경적 근거가 없는 가톨릭 전통 예전을 철폐하고, 사제 중심의 형식에 집중한 전례를 지양하며, 상대적으로 평신도들이 쉽게 접근할 수 있도록 하였다. 무엇보다 종교개혁 이전에 교회에서 사용되던 라틴어가 아니라 영어로 작성되었다는 것이 분명한 특징이다.

영국 교회법

중세를 거치며 로마 가톨릭의 교회법(Canon Law)은 교회 내의 질서를 세우고, 백성들의 종교 규범 준수를 판단하는 기준이 되어 왔다. 에드워드 6세의 치하에서 영국교회의 종교개혁이 공고화되면서 가톨릭의 교회법을 대체할 새로운 교회법의 제정이 요구되었다. 이미 헨리 8세 시절부터 교회법 개정에 대한 시도가 여러 번 있었으나 종교적·정치적 이유로 번번이 무산될 만큼 이는 쉽지 않은 문제였다. 1550년 의회에서 다시 한 번 교회법 개정에 대한 법안이 통과되었다. 영국교회의 새로운 질서를 세우는 일이었기에 교회법 개정을 위한 위원회를 구성하는 데도 긴 시간이 소요되었다. 최종적으로 영국교회의 주교 가운데 8명, 신학자 가운데 8명, 시민법 변호사와 관습법 변호사가 각각 8명씩 총 32명이 위원으로 임명되었다. 크랜머가 주도하는 위원회에 아 라스코는 버미글리, 후퍼 등과 함께 참여하게 된다.

의회에서 승인된 3년의 기한 중 위원회의 구성과 추진 방식을 결정하는 데에만 1년이 넘는 시간이 사용되었기에 다시 한 번 무산될 것이라는 전망이 많았다. 여러 이유로 교회법 개정을 시급하지 않은 문제로 생각한 추밀원과 주교들의 훼방으로 인한 어려움도 있었다. 그러나 크랜머는 새로운 교회법 제정이 42개조의 공포로 완성된 교리의 개혁과 『공동기도서』를 통해 정립된 예배 모범의 개혁에 이어 교회의 권징과 치리의 개혁을 완성하는 작업이라 믿었기에 포기하지 않고 이를 추진하였다. 1552년 런던에서 보내진 편지들에는 크랜머와 아 라스코가 교회법 개정작업에 몰두하여 답장을 쓸 여유도 없다는 소식이 담겨 있다. 마침내 1553년 교회법 개정안(*Reformatio Legum Ecclesiasticarum*)이 준비되었다. 그러나 추밀원의 소극적인 태도로 이 개정안은 당 회기에 의회에 상정되지 못했고, 곧이어 에드워드 6세가 갑작스레 세상을 떠나게 되면서 교회법 개정을 위한 시도는 결실을 맺지 못한 채 중단되었다. 하지만 위원회에 주도적으로 참여한 버미글리를 통해 이때 준비된 개정안이 후대에 전해지게 된다.

교회법 개정작업에서 아 라스코가 직접적으로 참여한 내용과 정도에 대해서는 정확히 알 수 없지만 개정안에서 두드러지게 나타나는 몇 가지 특징을 통해 아 라스코의 분명한 기여를 확인할 수 있다. 개정안에서는 장로교 정치에서 노회와 유사한 치리회를 제안하였다. 각 지역 교구에서 주교와 지역 내 목회자들이 함께 모여 각 교회의 사역을 시찰하고 조언하기 위한 모임으로 평신도의 참여가 허용되었다. 또한 각 지역 교회에서는 목사들과 장로들이 모이는 모임을 통해 성도들을 목양하고 권징과 치리를 담당하도록 하였다. 이는 장로교 정치에서 당회에 준하는 것이다. 이와 같은 치리회에서는 성도들을 권면하고 상담하여 인도하는 것이 우선이었으나 죄에서 돌이키지 않을 때는 주교의 승인을 거쳐 수찬 정지(excommunication)에 처하도록 규정하였다. 이 같은 내용들은 개혁교회 전통 가운데 발전해온 교회 질서(church order)를 영국의 상황에 맞추어 수용한 결과였다. 무엇보다 이는 이미 아 라스코의 감독 아래 런던 피난민 교회에서 직접 시행되고 있었다.[83]

엘리자베스 1세 즉위 이후 개정안은 『폭스의 순교사』의 저자로 잘 알려진 존 폭스(John Foxe, 1516-1587)에 의해서 1571년에 출판되었다. 그리고 이듬해 크랜머의 사위인 노턴(Thomas Norton, 1532-1584)에 의해 의회에 소개되었으나 뚜렷한 성과없이 폐기되었다. 아 라스코가 참여한 영국 교회법 개정안은 비록 실제로 제정되지는 못했으나 청교도 운동 이전에 영국교회

---

83) James C. Spalding, "The Reformatio Legum Ecclesiasticarum of 1552 and the Furthering of Discipline in England," *Church History* 39, no. 2 (1970): 170-171.

내부에서 이미 개혁주의 교회정치 체제와 권징의 원칙이 수용되고 있었다는 사실을 확인시켜준다.

청교도 운동과 장로교 성립에 끼친 영향

1553년 가을, 아 라스코는 3년여 동안 헌신한 런던 피난민 교회를 떠나게 되었지만 그가 뿌린 믿음의 씨앗은 이후 영국 종교개혁의 역사를 통해 열매 맺게 된다. 메리 여왕의 즉위 이후 런던은 고난받는 성도들을 위한 피난처에서 극심한 박해의 현장으로 바뀌게 된다. 비록 구체적인 교회 제도와 예전의 방식 등에서는 다소 이견이 있었으나 종교개혁을 향한 열심과 헌신에서는 차이가 없었던 영국의 많은 종교개혁자들이 목숨을 잃었다. 후퍼와 리들리가 화형을 당했고, 크랜머 역시 처형당했다. 바른 복음을 전하기 위해 헌신했던 여러 목사들과 성도들이 순교하였다.

하지만 이런 상황 속에서도 위험을 무릅쓰고 런던에 남아 지하교회로 모이며 프로테스탄트 신앙을 지킨 성도들은 라스코의 교회법의 교회정치 체제에 따라 조직을 구성하고 교회를 지켜나갔다. 피난처 삼았던 영국을 다시 떠나게 된 네덜란드 회중과 더불어 영국인 성도들 역시 믿음을 지키기 위해 고향을 떠나 피난민이 되었다. 고통의 역사였으나 하나님께서는 이 순간을 교회를 온전하게 세우기 위한 연단의 과정으로 인도하셨다. 엠덴과 제네바, 프랑크푸르트와 베젤(Wesel) 등 대륙의 여러 곳에 피난민 교회가 세워졌다. 여러 연구들은 이들이 에드워드 6세 시대의 종교개혁을 통해 이미 영국에서부터 개혁주의 신앙을 가지고 있었고, 이후 피난민 기간 동안 아 라스코의 런던 피난민 교회가 그러했듯이 외부의 개입 없이 자율적으로 신앙 공동체를 이루고 지켜나가는 경험을 통해 개혁신앙에 대한 확신을 공고히 하였다는 것을 보여준다. 아 라스코의 교회법은 영국 피난민 성도들이 교회를 세우고 신앙생활을 이어가기 위한 기반이 되었다.[84]

1558년 병상에서의 외로운 죽음을 마지막으로 잔혹한 탄압으로 점철된 메리 여왕의 6년간의 통치가 끝났다. 엘리자베스 1세(Elizabeth I, 1533-1603)가 즉위하면서 프로테스탄트에 대한 박

---

[84] 영국 피난민 회중이 피난 기간 동안 유럽 대륙에서 개혁주의 신앙을 갖게 되었다는 이해가 널리 퍼져 있다. 그러나 이는 칼빈과 제네바 전통과의 연관성만으로 개혁파 교회 전체를 재단하여 개혁주의 역사를 지나치게 단순화시키는 해석이다. 실제 피난민 회중의 삶에 대한 연구들은 그들이 개혁주의의 다양성 안에서 자신들의 신앙을 지키고 발전시켜 왔다는 사실을 보여준다. 특히 일반적 이해에는 아 라스코의 교회법이 피난민 교회의 실제 목회현장에서 갖는 중요성이 간과되어 왔다. Andrew Pettegree, *Marian Protestantism*, St. Andrews Studies in Reformation History (Brookfield, VT: Scolar Press, 1996), 1-7; 10-38; D. MacCulloch, *Tudor Church Militant: Edward Vi and the Protestant Reformation* (Penguin Books Limited, 2017), 183-191; M. Franklin-Harkrider, *Women, Reform and Community in Early Modern England: Katherine Willoughby, Duchess of Suffolk, and Lincolnshire's Godly Aristocracy, 1519-1580* (Boydell, 2008), 95-103.

엘리자베스 1세 여왕

해가 끝났고, 흩어져 있던 피난민들은 고향으로 돌아오게 된다. 새로운 여왕의 종교정책은 로마 가톨릭과 개혁교회 사이에서 중용(Via Media)을 지키는 것이었다. 성공회가 영국의 국교로 회복되었지만 반란의 위협으로 인한 처형을 제외하고는 메리 여왕 때와 같은 극심한 탄압을 연상케 하는 가톨릭에 대한 보복은 없었다. 1563년 "39개조"(the Thirty-nine Articles of Religion)가 가톨릭의 교리와 예전의 여러 부분을 배제한 성공회의 교리적 지침으로 공포되었다. 이 문서는 로마 가톨릭의 교리와 예전을 배제한다는 점에서는 프로테스탄트적이었으나 보다 엄격한 개혁주의자들에게는 로마 가톨릭과의 어중간한 타협 내지는 지나치게 소극적인 개혁이었다. 여왕은 통일령(Act of Uniformity)을 공포하고 국왕의 권위를 통해 성공회의 교리 기준에 따라 나라 전체의 종교를 일치시키려고 시도하였다. 그러면서 갈등이 빚어졌는데, 로마 가톨릭이 반발한 것은 물론이고 프로테스탄트 내에서도 국교회에 대한 반대 세력이 등장하였다. 특히 피난민 생활을 통해 개혁주의 교회를 경험한 이들은 비성경적인 관습을 국가의 권위로 강요하는 것에 강하게 반발하였다. 예복 논쟁과 성찬에서 무릎을 꿇고 떡과 잔을 받는 문제가 다시 갈등의 중심에 놓이게 되었다. 이후 청교도들이 주장한 신앙 원리는 앞선 시대의 논쟁에서 드러난 아 라스코의 신학적 주장의 연장선에 있다. 이러한 점에서 아 라스코를 최초의 영국 청교도(the first English Puritan) 혹은 청교도의 원형(a prototype)이라 평가할 수 있을 것이다.[85]

국교회파(Conformist)가 국왕의 권위를 정점으로 하는 국교회에 의한 질서를 강조한 반면, 비국교도파(Nonconformist)는 신앙의 문제는 오직 하나님의 말씀에 따라야 하며 교회에게 맡겨져 있다고 맞섰다. 비국교도파는 비성경적인 요소들을 교회 안에서 제거할 것을 주장하였고 이후 청교도로 불리게 된다. 이들은 아 라스코와 런던 피난민 교회를 통해 실현된 개혁주의 교회의 원칙에 동의하였다. 아 라스코의 신학과 청교도 신학의 직접적인 연관성을 추적하는 것은 쉽지 않지만, 이들이 아 라스코의 교회법을 알고 있었으며, 이후 청교도들의 예배 규정 등에서 프로페싱이나 예배 중 공적 참회 등 아 라스코 교회법의 특징이 나타난다는 것은 분명하다. 교회 정치에서 교회의 표지

---

[85] Diarmaid MacCullich, "The importance of Jan Laski in the English Reformation", in Strohm, *Johannes a Lasco: Polnischer Baron, Humanist Und Europaischer Reformator*, 345; Rodgers, *John a Lasco in England*, 157.

로서 권징에 대한 강조와 치리회의 역할 등도 아 라스코 교회법의 유산이라 볼 수 있다. 특히 장로들의 치리회 참여나 회중이 민주적 방식을 통해 목사를 선출하는 제도 등은 아 라스코 교회법의 독특한 특징이다.[86] 물론 이러한 제도들의 배경이 되는 개혁주의 사상은 부서와 칼빈 등 여러 개혁파 신학자들을 통해 공유되었고 발전되어 왔지만 아 라스코는 이를 구체적인 교회법으로 제도화하였으며, 피난민 교회를 통해 목회 현장에서 실현해냈다.

한편 아 라스코의 교회법은 녹스를 통하여 스코틀랜드 장로교 교회법의 제정에도 영향을 끼친 것으로 보인다. 『공동기도서』의 출판을 앞두고 성찬에서 무릎을 꿇는 문제로 한창 논쟁이 벌어지고 있을 때, 녹스는 에드워드 6세 앞에서 설교할 기회를 얻게 된다. 그는 아 라스코와 동일한 주장을 펼쳤다. 두 개혁자가 신학과 교회법 등에서 직접적인 영향을 주고받았다는 것을 확인하기는 어렵지만 여러 정황은 녹스가 아 라스코의 교회

---

86) *John a Lasco in England*, 158-161. 제네바에 자리잡았던 영국 피난민 교회에서도 목회자를 선출할 때 제네바의 방식이 아닌 아 라스코의 전통을 따르고 있었다. Diarmaid MacCulloch, "The importance of Jan Laski in the English Reformation" in Strohm, *Johannes a Lasco: Polnischer Baron, Humanist Und Europaischer Reformator*, 341. 아 라스코의 『포르마』는 말씀의 선포와 성찬의 바른 시행과 더불어 권징을 교회의 표지 중 하나로 주장한 최초의 교회법이다. Andrew Pettegree, *Emden and the Dutch Revolt: Exile and the Development of Reformed Protestantism* (Oxford: Oxford University Press, 1992), 23.

법과 피난민 교회의 사역에 대해 충분히 이해하고 있었다는 것을 보여준다. 피난민 생활을 마치고 스코틀랜드로 돌아와 스코틀랜드 교회의 감독이 된 녹스는 교회 정치와 예전에 대한 기준이 되는 중요 문서들을 작성하면서 아 라스코가 『포르마』에서 제시한 원칙을 폭넓게 수용하였다.[87] 1560년에 의회에서 승인받은 『스코틀랜드 신앙고백서』(the Scottish Confession)와 『제1 치리서』는 메리 여왕의 치세 동안 제네바의 영국인 피난민 교회에서 사용하던 신앙고백서와 『제네바 기도서』(the Genevan Form of Prayers)를 기초로 개정한 것이다. 제네바라는 지역의 상징성으로 인해 단순히 칼빈의 영향을 받은 것으로 설명되지만 이들 문서에는 런던 피난민 교회와 이후 유럽 각지로 흩어진 피난민 교회에서 나타나는 아 라스코 교회법의 특징이 나타난다. 신앙고백서에서는 참된 교회의 표지에 말씀의 선포와 성례의 바른 시행과 더불어 교회의 권징을 포함시키고 있다. 성찬 시에 성찬상 주변에 둘러앉아 진행하는 방식, 새로운 목회자의 선출이나 수찬 정지의 결정을 회중에게 맡기는 것 등은 런던 피난민 교회에서 시행된 독특한 방법들이다.[88]

---

87) Rodgers, *John a Lasco in England*, 163-164.
88) Michael Stephen Springer, *Restoring Christ's Church: John a Lasco and the Forma Ac Ratio*, St. Andrews Studies in Reformation History (Aldershot, England: Ashgate, 2007), 144-146.

Johannes a Lasco
요하네스 아 라스코
개혁주의 교회법의 토대를 놓다

6
십자가 아래에서

Chapter 06
십자가 아래에서

당시 폴란드 내에는 개혁파 신앙을 따르는 여러 회중이 있었으나
각지에 흩어져 하나의 개혁교회로 조직되지 못하고 있었다.

> 마주 잡은 손을 쉽게 놓지 못하며 작별의 인사를 나누고 있는 피난민 교회의 성도들을 바라보면서 아 라스코 역시 착잡한 심정을 감출 수 없었다. 언젠가는 헤어짐이 있을 것이라 짐작했지만 이토록 갑작스러우리라고는 생각하지 못했다. 런던에서 사역한 시간들이 머릿속을 스쳐 지나갔다. 누군가의 입에서 주의 위로를 구하는 시편 찬송이 흘러나왔다. 어느새 모두가 함께 노래하고 있었다. 남는 자나 바다 건너로 떠나는 자 모두가 한 치 앞을 알 수 없는 깊은 어둠 속을 뚫고 나가야 했다. 사망의 음침한 골짜기 가운데서도 주의 위로의 손길이 함께 하시리라.

북해를 건너

런던 피난민 교회의 목회자들이 보우 레인(Bow Lane)에 있는 아 라스코의 집에 모여 있었다. 그들의 표정은 하나같이 어두웠다. 하지만 언제까지 절망에만 사로잡혀 있을 수 없었다. 하나님께서 그들에게 맡기신 교회가 위험에 처한 위기의 순간, 그들은 교회를 지켜야 했다. 메리 여왕의 즉위 이후 새로운 정부는 외국인 개혁자들에게 영국을 떠나라고 압력을 가하고 있었다. 회의의 결과, 피난민 교회의 목회자들과 함께 떠나기를 원하는 네덜란드 성도들은 즉시 영국을 떠나고, 더룬 목사가 런던에 남을 네덜란드 회중을 이끌기로 결정되었다. 마침 템즈 강 하류에 위치한 항구 도시 그레이브젠드(Gravesend)에 덴마크 배 두 척이 들어와 있었다. 1553년 9월 17일, 아 라스코와 네덜란드 회중의 목사 미크론, 장로인 위텐호프 그리고 함께 길을 나선 175명의 성도들이 두 척의 배에 나누어 타고 유럽 대륙을 향해 바다로 나섰다.[89]

오늘날 영국의 도버와 프랑스의 칼레 사이에는 해저터널이 놓여 있는데, 이 터널이 있는 도버해협의 폭은 불과 34km 정도이다. 16세기의 항해술로는 기상 조건의 영향을 많이 받을

---

[89] Lindeboom, *Austin Friars: History of the Dutch Reformed Church in London, 1550-1950*, 20.

수밖에 없었으나 오랜 시간에 걸쳐 확인된 안전한 항로들이 있었기에 영국에서 유럽 대륙으로 건너오는 항해는 그리 어렵지 않았다. 아 라스코 역시 첫 번째 런던 방문을 마치고 돌아올 때, 이상적인 기상 조건으로 불과 3일 만에 엠덴에 도착할 수 있었다. 다만 런던을 뒤로 하고 급히 떠나는 아 라스코와 믿음의 나그네들은 로마 가톨릭교회와 신성로마제국 황제의 영향력 아래 있는 지역을 피해야만 했다. 그들의 목적지는 덴마크였고, 험난한 북해를 건너야 했다. 급히 떠나오느라 덴마크 정부와 사전에 협의할 여유는 없었지만 어렵지 않게 피난처를 얻을 수 있으리라 기대하는 마음도 있었다. 덴마크 국왕 크리스티안 3세(Christian III of Denmark, 1503-1559)는 에드워드 6세와 우호적인 관계를 맺고 있었고, 비록 루터파에 속하기는 했으나 종교개혁도 추진하고 있었다.

무거운 마음으로 나선 바닷길에서 야속하게도 날씨 또한 그들을 괴롭혔다. 거센 폭풍우로 인해 함께 출발한 두 배가 흩어지게 된 것이다. 두 척의 배 중 작은 배는 한 달여의 항해 끝에 다행히 덴마크 셸란(Sjælland) 섬 북쪽의 헬싱괴르(Helsingor)에 도착했다. 안전하게 도착했다고 마음을 놓은 기쁨도 잠시, 이내 그들은 노르웨이의 위험한 해안선을 따라 옮겨져서 버려진 항구 플레케뢰(Flekkero)에 머물러야 했다. 아 라스코와 위텐호프 등이 탑승한 다른 배의 사정도 어렵기는 마찬가지였다. 폭풍우와 안개 속에서 간신히 암초를 벗어났지만 음식은 부족했고, 건강 상태도 좋지 못했다. 온갖 어려움 끝에 10월 29일 헬싱괴르에 도착할 수 있었다. 이제 어려움이 끝났다고 생각했지만 진짜 고난은 이제부터 시작이었다.

기대와는 달리 덴마크는 아 라스코와 나그네들에게 안식처가 되어주지 못했다. 종교개혁을 이룬 덴마크는 오늘날까지도 루터파가 국교인 국가이다. 당시 크리스티안 3세의 궁정이 콜딩(Kolding)에 있었기 때문에 아 라스코와 미크론, 위텐호프는 다시 며칠을 이동하고 기다린 후에야 궁정에 들어갈 수 있었다. 하지만 정작 왕과 대화할 기회는 주어지지 않았고, 궁중목사 노비오마구스(Paul Noviomagus)가 아 라스코 일행의 개혁파 성찬관을 공격하며 그들을 거짓 선지자라고 비난하는 설교를 들어야 했다. 어렵사리 만난 왕은 그들을 친절히 맞아주었으나 피난민 회중이 머물 수 있도록 허락해달라는 청원에는 즉답을 주지 않았다. 11월 17일 기다림 끝에 돌아온 것은 냉담한 추방령이었다. 덴마크의 배타적인 루터파 목사들은 개혁파 전통을 따르는 아 라스코와 네덜란드 피난민 회중을 배척하였다. 왕은 자신의 나라에서 머물기 원한다면 루터파 예전을 따라야 하고, 그렇지 않다면 즉시 떠나라고 명령했다. 추운 날씨를 염려하여 노인과 병자, 어린아이들이 겨울을 날 수 있게 해달라고 부탁했지만 이 또한 거절당했다.

덴마크에서 추방당한 아 라스코와 위텐호프는 육로로 브레멘을 거쳐 12월 4일 엠덴에 도착했다. 백작부인 안나는 동프리슬란트의 전 감독을 따뜻하게 맞아주었고, 피난민 회중을 위한 교회를 세울 수 있도록 허가해주었다. 함께 콜딩을 떠난 미크론은 함부르크까지 동행한 후 헬싱괴르에 남겨두고 온 피난민 성도들과 동행하기 위해 떠났다.

한편 헬싱괴르에 머물러 있던 피난민 회중은 아 라스코와 목사들이 크리스티안 3세를 만나기 위해 떠나 있는 동안 남쪽의 코펜하겐에 자리를 잡았다. 시 정부의 태도가 우호적이었기에 안심할 수 있었다. 그러나 11월 26일 왕의 추방령이 도착하면서 상황은 급변하였다. 어렵사리 허락을 얻어 중환자들만 남겨놓은 채 믿음의 나그네들은 다시 고난의 길을 나섰다. 그들이 엠덴까지 오는 여정도 결코 녹록지 않았다. 덴마크 정부의 경계를 피하기 위해 네 그룹으로 나누어져 눈보라와 폭풍이 몰아치는 발트해 연안을 각기 바다와 육로로 이동하였다. 이들은 로스토크(Rostock)를 거쳐 비스마르(Wismar)에 이르렀고, 여기서 미크론이 합류하였다. 그런데 이곳에서 재세례파인 메노파와의 갈등이 문제가 되어 미크론이 메노 시몬스와 두 차례에 걸쳐 논쟁을 벌이기도 하였다. 루터파와의 마찰도 여전했다. 결국 이곳에서도 머물 곳을 찾지 못했고, 다시 길을 나서 뤼베크(Lübeck)에서야 모두가 다시 만났으나 여전히 그들을 받아주는 곳은 없었다. 오히려 잠시 머무르는 곳마다 루터파의 날선 비판과 공격에 직면하고 쫓겨나듯 떠나야 했다. 함부르크에서도 웨스트팔을 비롯한 루터파 목사들과 시 정부의 냉대를 받고 다시 길을 나서야 했다. 북유럽의 차가운 겨울을 온 몸으로 견뎌내고 조롱과 멸시, 죽음의 위기를 넘기며 오랜 항해와 행진 끝에 이들은 마침내 1554년 4월 엠덴에 도착할 수 있었다. 아 라스코가 종교개혁을 위해 헌신했던 엠덴은 지친 나그네들에게 평안한 안식처가 되어주었다.[90]

"고난의 여정 끝에 주 하나님께서는 우리에게 고귀한 미망인인 동프리슬란트의 백작부인을 통해 쉴 자리를 주셨다. 엠덴의 목회자들과 시민들은 정중한 태도로 최고의 환대를 아끼지 않았다. 하나님께서는 당신의 선하시고 인자하심으로 맹렬한 폭풍우의 시험 끝에 평화를 주셨다."[91]

앞서 도착해 있던 아 라스코와 위텐호프는 오랜 여정에 지친 믿음의 사람들을 맞이할 곳을 준비해두고 있었다. 얼마 지나지

---

90) Frederick A. Norwood, "The London Dutch Refugees in Search of a Home, 1553-1554," *The American Historical Review* 58, no. 1 (1952): 64-72.
91) J. Utenhove, *Simplex Et Fidelis Narratio De Instituta Ac Demum Dissipata Belgarum Aliorumq Peregrinorum in Anglia* (J. Oporimus, 1560), 232-233.

않아 런던에 남아 있던 더룬 목사 등 목회자들과 피난민 성도들도 엠덴으로 이주해왔다. 네덜란드와 동프리슬란트 사이에는 언어의 장벽이 없었기 때문에 피난민 회중은 엠덴에서의 생활에 빠르게 적응하였다. 루터파의 비관용적인 태도와는 달리 편견없이 이들을 받아준 엠덴 정부와 시민들의 덕분이기도 했다.

한편 런던 피난민 교회의 성도들이 엠덴에 정착하게 된 것은 엠덴을 비롯한 동프리슬란트 교회에도 큰 영향을 끼쳤다. 1549년 아 라스코가 런던으로 떠난 이후 동프리슬란트의 종교개혁은 침체를 겪게 되고, 이전의 혼란기로 돌아가게 될 상황에 처해 있었다. 그런데 런던 피난민 회중은 아 라스코의 교회법에 따른 교회 질서와 확고한 개혁주의 신앙 원리를 가지고 왔으며, 아 라스코와 동료 목회자들 역시 즉시 영향력을 발휘하였다. 그러면서 동프리슬란트의 종교개혁이 다시금 힘을 얻게 되었다. 교회의 권징이 회복되었고, 집사 직분을 통해 피난민 회중을 위한 구제 사역이 시작되었다. 이후 수천 명이 넘는 박해받던 믿음의 나그네들이 엠덴을 향해 길을 나섰고 하나님께서 예비하신 피난처를 찾게 되었다. 이 시기 엠덴은 '박해받는 피난민들의 어머니'(Moeder der vluchtelingen en ballingen)로 불리게 된다. 엠덴에 자리잡은 네덜란드 피난민 교회는 1571년의 엠덴 대회(the Great Synod)를 통해 네덜란드 개혁교회의 중심지로 자리매김한다. 그리고 아 라스코와 런던 피난민 교회를 통해 구

현된 이상적인 개혁주의 교회의 모델은 이후 네덜란드 개혁교회의 발전에 지대한 영향을 끼치게 된다.[92]

다시 폴란드로

앞서 1542년 동프리슬란트의 통치자인 백작부인 안나가 아 라스코를 동프리슬란트 교회의 감독으로 청빙할 때, 거듭되는 거절에도 불구하고 계속되는 요청에 아 라스코는 한 가지 조건을 내걸고 감독직을 수락한다. 언젠가 폴란드의 왕이 자신을 찾으면 언제든 감독직을 내려놓고 고국으로 돌아갈 수 있도록 허락해달라는 것이었다. 비록 당장은 폴란드의 종교개혁이 요원한 일이기에 모든 것을 내려놓고 떠나왔으나 멀지 않은 미래에 마침내 폴란드에서도 종교개혁이 시작되고 자신이 헌신할 수 있는 역할이 주어진다면 주저하지 않고 돌아가겠다는 의지의 표현이었다. 하지만 그의 기대는 쉽사리 실현되지 않았다. 그동안 그는 엠덴에서 런던으로, 다시 런던을 떠나 엠덴을 거쳐 프랑크푸르트에 이르기까지 15년이 넘는 시간 동안 종교개혁의 현장에서 헌신하였다. 그리고 마침내 아 라스코의 고국

---

92) Andrew Pettegree, *Emden and the Dutch Revolt : Exile and the Development of Reformed Protestantism* (Oxford: Oxford University Press, 1992), 21.

인 폴란드에도 종교개혁의 불길이 퍼져 나가기 시작했다는 소식이 들려왔다.

지리적으로 독일과 국경을 맞대고 있으며, 독일인들이 세운 여러 도시가 폴란드 안에 자리잡고 있었다는 것을 기억한다면 종교개혁의 외침이 폴란드 땅에 전해지는 것이 어렵지 않았으리라 짐작할 수 있다. 젊은 아 라스코가 가톨릭 성직자로 폴란드에 머무는 동안 이미 종교개혁의 시도들이 나타났으나 이를 앞장서서 가로막은 것은 아 라스코의 삼촌인 대주교였다. 결국 루터파 중심으로 시도된 초기 폴란드 종교개혁은 눈에 띄는 성과를 거두지 못했다. 그런데 16세기 중반, 폴란드에 이웃한 보헤미아(오늘날의 체코에 속하는 지역)를 거점으로 하는 보헤미아 형제단(Unitas Fratrum)이 이주해오면서 폴란드 종교개혁에 중요한 전환점이 마련되었다. 후스의 처형 이후 이어진 박해에도 불구하고 후스의 신학적 유산을 계승한 보헤미아 형제단은 자신들의 공동체를 지켜왔다. 이들은 '종교개혁 이전의 종교개혁자'라고 불릴 만큼 가톨릭의 잘못된 관습에서 탈피하여 성경적인 신앙을 지키기 위해 노력해왔다. 그리고 무엇보다 엄격한 권징을 통한 경건하고 도덕적인 삶으로 존경받아왔다. 1540년대에 들어서며 오스트리아를 통치하던 페르디난트 1세의 박해로 인해 이들은 보헤미아를 떠나 폴란드로 이주하게 된다. 이웃 폴란드는 이 길 잃은 나그네들을 친절히 맞아주었다. 부패한 성

폴란드의 역사적인 지역 구분

직자들에 대한 불만이 있던 지방의 귀족들은 형제단의 경건한 생활방식에 호감을 보였다. 또한 대부분 유능한 기술자였던 형제단을 통해 경제발전에 도움을 얻으려는 계산도 있었을 것이다. 이들의 정착을 통해 폴란드 종교개혁은 새로운 국면을 맞이하게 된다. 루터파와 개혁파에 이어 형제단이 종교개혁의 중요한 참여자로 등장한 것이다. 당시 소폴란드(Lesser Poland)에 기반한 개혁파는 대폴란드(Greater Poland)를 중심으로 한 형제단과의 통합을 통해 폴란드의 종교개혁을 이루고자 했다. 오랜 토론과 회의를 거듭한 끝에 1555년 9월, 개혁교회와 형제단이 폴란드 종교개혁을 위해 함께하기로 합의를 이루었다. 하지만 신앙의 본질에 대한 이해에서는 충분한 동의가 있었다 해도 서로 다른 전통을 가진 교회들이 하나가 된다는 것은 결코 쉽지 않았다. 특히 형제단 내부에서 자신들의 정체성을 강화하기 위해 통합에 반대하는 주장이 힘을 얻으면서 결국 앞선 합의는 결렬되었다. 그럼에도 일치를 위한 시도는 계속되었고, 1570년 개혁교회와 형제단뿐만 아니라 루터파까지 포함한 삼자 연대가 이루어졌다(Consensus of Sandomierz, 1570). 16세기 후반 본격화된 교파주의(confessionalization)의 영향을 받아 루터파 내부의 강경파가 강하게 반발하면서 연대는 무산되었으나 개혁교회와 형제단의 연대는 흔들림 없이 지속되었다.[93]

폴란드의 개혁파 목회자들과 이를 지지하는 귀족들은 1556년 폴란드 개혁교회의 구성을 위해 대회로 모였고, 자신들을 인도해줄 개혁자로 칼빈과 아 라스코를 초청하였다. 하지만 칼빈은 제네바를 비울 수 없으며, 또한 아 라스코가 폴란드로 돌아온다면 자신이 갈 필요가 없을 것이라며 초청을 거절하였다.[94] 반면 아 라스코는 자신과 오랫동안 교류를 이어온 폴란드의 개혁자들이 개혁교회를 이루기 위해 자신을 초청한다는 소식에 아주 기뻐했다. 건강의 문제로 엠덴을 떠나 프랑크푸르트에 머물고 있었으나 그의 마음은 벌써 폴란드로 향해 있었다. 오랜 타향살이로 그의 몸은 지쳤어도 주의 교회를 향한 열정만은 식지 않았다. 그는 폴란드 각계각층의 인사들에게 종교

---

93) Ptaszynski Maciej, "Between Marginalization and Orthodoxy: The Unitas Fratrum in Poland in the Sixteenth Century," *Journal of Moravian History* 14, no. 1 (2014): 14-29.

94) Calvin et al., *Ioannis Calvini Opera Quae Supersunt Omnia*, 16, no. 2602.

개혁을 이루어야 한다는 서신을 보냈다. 특히 프랑크푸르트에서 출판한 자신의 교회법 『포르마』(*Forma ac ratio*)를 고국의 종교개혁에 대한 열망을 담은 긴 헌사와 함께 폴란드 왕 지그문트 2세에게 헌정하였다. 『포르마』는 종교개혁자 아 라스코의 신학이 발전해온 과정과 동프리슬란트에서부터 런던에 이르기까지 감독으로 사역한 경험을 통해 확립된 교회법으로 그의 신학과 사역의 결정체라 할 수 있다. 여기에는 교회정치 체제, 예배 모범, 예전과 권징 등 참된 교회를 세우기 위한 구체적인 제도와 규정이 상세히 정리되어 있다. 이로 인해 그는 개혁주의 사상을 실제적 제도로 구현한 '교회 건축가'라고 평가받는다.[95] 1556년 12월, 참된 믿음을 지키기 위해 스스로 나그네가 되었던 아 라스코는 마침내 고국 폴란드로 돌아왔다.

아 라스코의 귀환은 폴란드 개혁자들에게 큰 힘이 되었다. 당시 폴란드 내에는 개혁파 신앙을 따르는 여러 회중이 있었으나 각지에 흩어져 하나의 개혁교회로 조직되지 못하고 있었다. 엠덴과 런던에서의 사역을 통해 하나님께서 준비시키시고 맡기셨던 역할이 다시 한 번 아 라스코에게 주어졌다. 그는 폴란드 개혁교회를 조직하고 제도화하기 위한 성경적 정치구조를 세우고, 일치된 신앙고백과 예배 모범을 확립하는 과정을 인도

---

95) Rodgers, *John a Lasco in England*, 5.

하였다. 그리고 1557년 6월, 최초의 폴란드 개혁교회 총회가 열리게 된다. 적지 않은 나이에 건강도 좋지 않았지만 아 라스코는 이후 3년간(1557-1560) 열다섯 차례가 넘게 열린 총회에 직접 참여하면서 폴란드 개혁교회의 기틀을 놓는 일에 헌신하였다. 폴란드어 성경을 출판하기 위한 재원을 마련하고 프로테스탄트 대학을 설립하는 구체적이고 실제적인 사업 역시 아 라스코를 필요로 했다. 또한 폴란드 종교개혁의 일치를 이루기 위한 시도도 계속되었다. 폴란드 개혁교회가 형제단과의 연대를 통해 종교개혁의 동력을 마련하였으나 몇 달이 되지 않아 합의가 결렬되었을 때 아 라스코가 고국으로 돌아온 것이다. 그는 개혁교회와 형제단 양자 모두에게 존중받는 권위 있는 신학자였다. 그의 고귀한 신분 역시 도움이 되었을 것이다. 무엇보다 서로 다른 세력이 일치와 통합을 이루기 위해서는 분명한 원칙을 고수하는 강직함과 이견을 유연하게 조정하는 외교력이 동시에 요구되었다. 아 라스코는 헌신된 개혁자이면서 유럽 국제 외교무대에서 활약한 외교관이기도 했다. 엠덴에서는 로마 가톨릭과 루터파, 재세례파를 개혁주의 질서 안에 통합하는 과정을 주도하였고, 런던에서는 네덜란드와 프랑스 회중을 하나의 교회로 일치시키고 인도하였다. 하나님께서는 다시 한 번 그가 필요한 자리에 그를 세우셨다. 고국 폴란드의 종교개혁을 바랐으나 이룰 수 없었기에 스스로 떠난 20년의 나그네 길, 마침내 돌아온 고국에서의 사역은 고되었지만 복되고 기쁜 시간이었으리라.

한편 런던 피난민 교회의 회중 가운데는 영국에 남는 것을 택한 이들도 여럿 있었다. 이들은 모진 박해 속에서도 교회를 지키려 애를 썼으나 메리 여왕의 탄압은 가혹했다. 예배당은 폐쇄되었고, 성도들은 흩어졌다. 이들은 당국의 눈을 피해 지하교회에서 모임을 가져야 했다.

또한 피난민 교회 설립의 법적 근거가 되었던 정부 문서들이 폐기되었고, 에드워드 6세의 국왕 헌장을 무효화하는 법령이 1558년 의회에서 발의되었다. 하지만 다행히도 같은 해 11월, 메리 1세가 5년의 통치 끝에 병으로 세상을 떠나고, 엘리자베스 1세가 즉위하면서 종교개혁에 대한 박해가 끝나게 된다. 1559년 9월 런던을 떠난 이후 줄곧 아 라스코와 동행하며 폴란드에 머물고 있던 위텐호프가 아 라스코의 청원서를 들고 런던으로 돌아왔다. 그의 손에는 에드워드 6세의 국왕 헌장이 들려 있었다.

아 라스코는 엘리자베스 1세의 즉위를 축하하고, 런던 피난민 교회가 다시 예배할 수 있도록 해달라고 청원하였다. 마침내 새로운 여왕의 승인을 받아 위텐호프를 중심으로 이전의 예배당인 어스틴 프라이어와 성 안토니 교회(St. Anthony's in Threadneedle Street)에서 피난민 교회의 회중이 다시 모이게 되었다. 이것이 영국 종교개혁을 위한 아 라스코의 마지막 헌신이었다. 이제 동프리슬란트의 엠덴은 네덜란드에서 박해를 피해 모인 개혁교회 성도들의 안식처가 되었다. 런던의 피난민 교회 역시 다시금 평안을 되찾았다.

박해받는 피난민들의 목사였던 아 라스코는 비로소 마음의 짐을 덜게 되었다. 이제 폴란드 종교개혁만을 위해 헌신할 수 있게 되었다. 그러나 오랜 나그네 생활로 지친 그의 몸은 더 이상 개혁자의 열정을 담아내지 못했다. 런던에 피난민 교회가 다시 세워졌다는 소식을 듣고 얼마 지나지 않은 1560년 1월 8일, 멀리 이방의 땅에서 피난민들의 개혁자로 헌신한 아 라스코는 조국 폴란드에서 삶을 마치게 된다. 하지만 아 라스코의 교회법의 원칙은 그의 사후에도 폴란드 개혁교회를 통해 계승되었다.[96]

아 라스코가 잠들어 있는 세인트 존 가톨릭 교회

1560년 1월 29일, 아 라스코가 세상을 떠난 후 열린 총회의 회의록은 개혁자 아 라스코에 대

---

96) Springer, *Restoring Christ's Church: John a Lasco and the Forma Ac Ratio*, 138-140.

한 헌사로 시작되고 있다.

"존경받고 오랫동안 기억될, 하나님의 사람이며 우리나라의 영광 요하네스 아 라스코는 하나님의 뜻에 따라 불경한 교황제와 우상화된 예식을 떠나 성령의 능력을 통해 예수 그리스도 안에서 성부 하나님께 영광을 돌리는 자유를 찾기 위해 여러 나라를 거닐어야 했다. 그러나 그는 조국에서 복음의 빛이 떠오르고 있다는 소식을 듣자마자, 하나님의 교회를 위해 일한 시간만큼이나 힘들었던 역경의 삶으로 인해 비록 이미 나이 든 몸일지라도, 하나님의 영광을 높이는 일에 자신의 모든 능력을 다하기 위해 잉글랜드를 떠나 폴란드로 돌아왔다. 그리고 그는 하나님과 여러 귀족 앞에서 용감하게 이 일을 해냈다. 그가 돌아온 지 3년이 지나서 하나님께서는 당신의 은혜로 그를 죽음에서 생명으로 평온하게 인도하셨다."[97]

아 라스코는 개혁주의 신학자이자 목회자였다. 역사적으로 개혁주의 전통 내부에서는 칼빈의 제네바와 츠빙글리(그리고 불링거)의 취리히가 경쟁하였다. 일부에서는 아 라스코를 몇 가지 교리적 특징만을 가지고 획일적으로 분류하여 취리히 전통의

---

97) Dalton and Łaski, *Lasciana: Nebst Den æltesten Evangelischen Synodalprotokollen Polens, 1555-1561*, 491-492.

개혁자 중 하나로 과소평가하기도 한다. 그러나 그의 신학을 자세히 들여다보면 그가 제네바와 취리히에 국한되지 않고 오직 성경 말씀과 초대교회의 모범에 기초한다는 자신의 원칙을 흔들리지 않고 지켰다는 것을 알 수 있다. 아 라스코의 신학은 루터나 츠빙글리, 칼빈과 같이 후대에 큰 영향력을 행사하지는 못했다. 그 이유는 그가 비교적 늦은 나이에 종교개혁자로서 사역을 시작했다는 것과 더불어 그는 언제나 경계인으로 머물러 있었기 때문이다. 엠덴에서도 런던에서도 그는 이방인이었다. 고국인 폴란드에서 마침내 기회가 주어졌으나 그곳에서도 충분한 시간이 주어지지 않았다. 그럼에도 불구하고 그의 교회법은 개혁주의 신학이 교회를 통해 실제로 구현될 수 있는 제도적 기반과 실제적인 사역의 기준을 제시하였고, 이후 개혁주의 신앙에 기초한 개혁교회와 장로교회의 정치제도와 예전의 역사적 모델이 되었다. 확고한 계승자들이 없었기에 아 라스코의 이름이 후대 교회에 선명하게 새겨지지는 못했으나 그의 신학적 원칙과 교회법은 오늘날까지 개혁교회와 장로교회의 역사에 분명한 흔적을 남기고 있다.

Johannes a Lasco

요하네스 아 라스코
개혁주의 교회법의 토대를 놓다

7

아 라스코와 한국교회

Chapter 07
아 라스코와 한국교회

아 라스코는 교회를 세우는 사람이었다. 오직 성경의 가르침에 따라 교회의 제도적 기준을 만들고 실제 목회현장에서 진리를 가르치고 공동체를 건강하게 세워나가는 사역을 감당해냈다.

종교개혁자들은 결코 완벽한 삶을 보여준 성인들이 아니다. 종교개혁의 역사를 자세히 들여다보면 그들 또한 때로 두려워하고, 실수를 저지르고, 잘못된 판단을 내리기도 했다는 것을 알 수 있다. 초대교회 선교의 현장에서 바울과 바나바가 잠시 다투었던 것처럼 개혁자들 사이에서도 갈등과 반목이 있었다.

그럼에도 오늘 우리가 그들의 삶과 사역을 기억해야 하는 이유는 그들이 우리보다 앞서 하나님께서 부르신 자리에서 맡겨진 소명을 감당하기 위해 헌신한 믿음의 선배들이기 때문이다. 아 라스코 역시 믿음의 길을 앞서 걸어간 한 사람이었다.

아 라스코는 성공이 보장된 고위 성직자의 안락한 의자에서 스스로 내려와 오로지 주의 은혜로만 살 수 있는 고된 나그네의 길로 걸어 나갔다. 개혁자가 된 이후에도 그의 믿음의 도전은 계속되었다.

엠덴에서 그는 외로운 이방인이었으나 사방에서 들어오는 압박에 굴하지 않고 오직 말씀의 진리에 순종하였다. 또 런던에서는 정치적 불이익을 감수하고라도 주의 몸 된 교회는 세상의 권위와 필요에 따르지 않고 오직 하나님의 말씀에 따라 세워져야 한다는 원칙을 고수하였다. 어려움 속에서도 관용하는 따뜻한 마음을 잃지 않았으나 진리의 문제에서는 결코 타협하지 않은 그는 참된 교회를 세우기 위한 개혁자의 삶을 살아냈다.

이제 여기서는 개혁자 아 라스코의 신학, 특히 교회법에 대한 구체적인 내용을 정리하여 소개하고, 이에 기초하여 한국교회가 기억해야 할 주제에 대해 생각해보려 한다.

참된 교회

아 라스코에게 참된 교회는 "하나님의 백성으로 부르심을 받아 그분의 거룩한 교리를 지키고, 그리스도의 가르침을 따르며, 초대교회 사도들의 본(Apostolic model)을 따르는 성도들의 모임"

이다.[98] 루터와 츠빙글리, 칼빈 등 개혁자들과 마찬가지로 아 라스코 역시 교회가 하나님이 택하신 백성들의 모임이라는 것을 분명히 한다. 여기서 '교회'는 알곡과 가라지가 섞여 있는 이 땅에서 조직화된 교회, 곧 가시적 교회(visible church)가 아니라 오직 하나님께서 구별하신 전 우주적인 성도들의 공동체인 비가시적 교회(invisible church)이다. 비록 직접 기술하지는 않았으나 아 라스코의 교회법 역시 가시적 교회와 비가시적 교회가 완전히 일치하지 않는다는 이해를 전제하고 있다. 따라서 교회 밖에는 구원이 없으나 제도화된 교회의 회원이라는 것만으로 구원이 보장되었다고 할 수도 없다.

성도는 본질적으로 하나님의 부르심을 통해서 구별되지만 그 부르심은 언제나 성경을 통해 전해진 예수 그리스도의 바른 교리와 일치해야 한다. 또한 성경과 성령은 결코 분리되는 것이 아니며 언제나 함께 한다. 하나님의 말씀을 알고 따르는 것은 결코 지적인 활동만으로 가능하지 않고 성령의 조명이 필요하다. 마찬가지로 성경의 진리에서 벗어난 성령의 역사 또한 가능하지 않다. 아 라스코의 신학에 따르면 주관적인 영적 경험을 무분별하게 성령 체험이라 주장하며 성경의 진리에서 이탈하는 무질서한 신비주의나 은사주의는 결코 참된 교회일 수

---

98) *Opera* vol. II, 294.

없다. 이는 종교개혁 당시 급진적인 재세례파에게서 나타났던 문제이며, 오늘날에도 스스로를 교회와 성도라 칭하는 많은 이들 사이에서 나타나는 문제이기도 하다.

아 라스코의 교회론은 철저히 성경에 의지하고 있다. 그는 참된 교리와 목회방법론은 오직 하나님의 말씀인 성경을 통해서만 주어졌다는 것을 분명히 했다. 아 라스코 역시 인문주의자로서 성경의 해석에서 아디아포라의 영역, 곧 각 시대와 상황에 따라 하나님께서 교회에게 맡기신 자유가 있음을 분명히 알고 있었다. 다만 그는 교회가 교회 되기 위해서는 오직 하나님의 말씀에 순종해야 한다는 원칙에서 타협하지 않았다. 영국 종교개혁 당시 벌어진 예복 논쟁에서 아 라스코가 성직자의 예복 착용에 한사코 반대한 것 역시 예복 자체의 문제가 아니라 복음의 진리를 훼손하는 로마 가톨릭의 예전을 관습이라는 명목으로 수용할 수 없었기 때문이다.

하나님께서 택하신 성도들의 공동체로서 교회의 본질을 놓쳐버리고 세상의 풍조를 좇아 사람들의 필요와 욕구를 만족시키기 위한 제도와 주장들이 교회 안에서 받아들여져서는 안 된다. 이는 성경의 진리에서 벗어난 주장과 프로그램이 단지 보다 많은 사람들을 예배당으로 끌어모을 수 있다는 이유만으로 유행처럼 퍼져가고 있는 한국교회의 안타까운 현실 가운데 우리가 마음 깊이 새겨들어야 할 교훈이다. 교회의 교회

됨에 대한 고민은 예수님께서 다시 오시는 그날까지 계속되어야 할 것이다.

교회의 직분과 교회정치

아 라스코는 교회를 세우는 사람이었다. 오직 성경의 가르침에 따라 교회의 제도적 기준을 만들고 실제 목회현장에서 진리를 가르치고 공동체를 건강하게 세워나가는 사역을 감당해 냈다. 교회를 세우는 일에서 빼놓을 수 없는 것이 바로 교회의 직분(Church office)이다. 『포르마』의 첫 부분에서는 교회의 조직과 운영에 대한 구체적인 내용을 다루면서 직분에 대한 규정을 제시하고 있다. 아 라스코는 그리스도께서 제정하신 직분의 사역이 없이는 교회가 존속할 수 없다고 주장하며 그 중요성을 강조한다.

아 라스코가 제시한 직분제의 구체적인 내용을 살피기 전에 반드시 기억해야 할 점은 교회의 직분자는 결코 구원의 중재자가 아니라는 것이다. 하나님과 평신도 사이에서 사제가 구원의 중재자로 역할을 한 로마 가톨릭의 잘못된 전통과는 달리 종교개혁에서 목사는 전문적인 설교자이자 교리를 가르치는 교사의 기능을 담당하였다. 아 라스코의 교회법에서 직분은 결코 영적 계급이 아니며 단지 소명의 역할과 기능에 따라 나뉠 뿐이다. 직분에 대한 이러한 이해를 바탕으로 아 라스코는 성경의 가르침과 초대교회의 모범에 따라 장로(presbyters)와 집사(deacons)라는 직분의 두 가지 분류를 제시한다. 장로의 직분은 다시 설교와 교육을 책임지는 말씀 사역자(ministers of the word)와, 말씀 사역자를 도와 교회를 운영하고 유지하는 장로(elders)의 직분으로 구분된다. 말씀 사역자의 직분은 다시 감독(superintendent)과 목사(preacher and teacher)로 나뉜다. 그는 각 직분의 기능적인 차이를 설명하면서도 직분의 질서 가운데 모든 직분이 동등하다는 것을 강조한다.

아 라스코의 직분제에서 감독의 직분은 모든 목회자와 전체 회중을 감독하는 직분이었다. 그는 예수님께서 사도 가운데 베드로에게 맡기신 권위를 근거로 감독직의 의미를 설명한다. 그러나 감독의 직분은 교황이 모든 사도와 교회 위에 군림하는 교황제와는 분명히 다르다. 아 라스코는 예수님께서 허락하신 베드로의 권위는 지배하기 위한 것이 아니라 사도 가운데 질서를 유지하기 위한 것이라고 설명한다. 감독 역시 목사 중 한 사람으로 다른 직분자들과 동등하지만 전체 회중이 바른 진리 안에 일치를 이룰 수 있도록 살피는 역할을 담당했다. 권징과 치리의 문제는 감독이 주관하고, 모든 직분자가 참여하는 코이투스에서 논의되었으며, 모두의 동의가 있을 때 최종 결정이 내려졌다. 시대적 상황이 다르기에 직접 비교는 어렵지만 오늘날 한국교회에 비추어보자면 장로교단의 노회장이나 총회장에 준하는 직분이라 할 수 있을 것이다.

감독의 직분을 제외한 다른 여러 직분에서는 개혁주의 개혁자들의 직분론과 큰 차이를 보이지 않는다. 아 라스코의 교회법에서 가장 필수적인 직분은 말씀의 사역자, 곧 목사의 직분이다. 목사는 참된 교회의 표지가 되는 사역을 직접적으로 책임지는 직분이다. 무엇보다 교회가 복음의 바른 진리에 대한 일치를 이루도록 말씀을 선포하고 가르치는 역할이 강조된다. 장로의 직분은 목사를 도와 교회 운영에 필요한 여러 형편을 살피는 책임을 맡는다. 특히 목사와 함께 교회의 권징을 수행하는 것이 장로의 중요한 역할이었다. 그는 성도들의 삶을 살피고, 어려움 가운데 있는 사람들을 위로하며, 그들이 죄에 빠지지 않도록 권면해야 한다. 집사의 직분은 교회의 구제 사역을 책임지는 직분이다. 예배를 전후하여 구제를 위한 헌금을 수납하고 관리하며, 이를 통해 도움이 필요한 사람들을 돕는 것이 집사의 역할이었다. 런던 피난민 교회에서 구제 사역과 더불어 성찬 중에 목사와 장로를 도와 예전을 진행하고 부모가 없는 아이들에게 교리문답을 가르치는 등 사역의 여러 부분 역시 집사에게 맡겨졌다.

아 라스코의 교회법에서 나타나는 가장 두드러진 특징은 교회의 운영과 사역에서 회중의 참여를 강조한 것이다. 당시 로마 가톨릭교회에서 회중은 사제가 주도하는 예배와 성찬에서 수동적인 참여자에 머물러야 했다. 종교개혁의 교회들 역시 회중의 참여가 제한적이었다. 이러한 시대적 상황 가운데 아 라스코가 회중의 역할을 강조한 것은 큰 의미를 갖는다. 런던 피난민 교회의 성도들은 새로운 직분자를 임명하는 과정에 직접 참여하였다. 각 직분의 후보자들은 사전에 회중 앞에 발표되었고, 직분을 맡기에 합당한 경건한 삶을 살았다는 것이 충실하게 검증된 이후에 회중의 투표를 통해 선출되었다. 또한 회중은 말씀 사역에도 참여하였다. 물론 설교는 목사를 통해 선포되었으나 공개적인 성경공부 모임이라 할 수 있는 프로페시 시간을 통해 설교 내용에 대해 교리적이고 신학적인 질문을 던지고 설교자의 추가적인 설명을 들을 수 있었다. 권징에서도 회중의 참여가 나타난다. 권징에 순종하지 않는 이에 대한 가장 엄격한 치리라 할 수 있는 수찬 정지를 결정할 권한이 회중에게 주어졌다. 이처럼 아 라스코는 하나님의 택함을 받은 성도 모두가 교회 공동체의 사역에 동참할 수 있는 제도적 기반을 제시하였다.

교회의 직분에 대한 이러한 이해를 기억하며 한국교회의 현실을 생각해보자. 언제부터인지 한국교회 안에서는 평신도라는 말이 자연스럽게 사용되고 있다. 생계를 전적으로 교회에 맡기고 목회 사역에 전념하는 목회자와, 직업을 가지고 생활하면서 교회의 일원으로 헌신하는 성도들을 구별하기 위해 어쩔 수 없이 사용하는 표현일 수 있지만 자칫 목회자와 회중 사이에 영적 등급이 나누어져 있다는 식으로 오해될 수 있다. 종교개혁의 전통을 강조하면서 로마 가톨릭의 오류를 비판하고 있지만 정작 종교개혁 당시 로마 가톨릭의 문제점들이 우리의 교회에서 반복되고 있는 것은 아닌지 염려하게 된다. 교회를 지탱하는 뼈대가 직분이라면 교회를 교회답게 회복하는 일의 시작 역시 직분을 온전하게 회복하는 일이어야 할 것이다. 따라서 무엇보다 직분에 대한 올바른 이해가 필요하다.

  목사는 결코 구원의 중재자가 아니다. 우리의 구원은 오직 예수 그리스도의 십자가 복음에 있다. 목사는 성경 말씀과 신학의 전문가로서 복음을 선포하는 하나님의 입으로 사용받는 것이다. 목양하는 일꾼으로 교회 안의 성도들의 어려움을 살피고 도우며 기도해야 한다. 목사의 직분은 더 없이 영광되고 중요한 것이지만 직분을 맡게 된 개인이 다른 성도들과 구별되는 영적 계급을 가진 것은 결코 아니다. 예수 그리스도의 이름을 믿고 구원받은 모두가 주의 백성이며 왕 같은 제사장이다. 반면에 성도들의 동등함을 강조하면서 목사의 직분을 폄훼하려는 시도 역시 결코 합당하지 않다. 교회는 예수 그리스도께서 세우신 질서 가운데 서야 한다. 교회의 머리 되신 이가 세우신 직분의 기능을 우리의 호불호에 따라 무시해서는 안 된다.

한편 목사들 가운데도 담임목사와 부목사의 구분이 있는 우리의 현실 속에서 감독의 직분에 대한 아 라스코의 이해를 깊이 생각해볼 필요가 있다. 그의 교회법에서 감독은 한 국가(혹은 교구) 안에서 여러 교회와 목회자들을 살피고 인도하는 직분이었지만, 그 역시 목사들 중 한 사람이자 성도의 한 사람이었다. 지역교회에서 담임목사와 그 사역을 돕는 부목사의 역할은 엄연히 다르다. 맡겨진 역할과 책임 역시 큰 차이가 있다. 하지만 그렇다고 해서 담임목사와 부목사의 관계가 권위주의적인 서열 안에 세워져서는 안 된다. 모두가 목사로서 부름받아 하나님의 영광을 위해 일하는 동역자라는 사실을 우리는 분명히 기억해야 한다.

아 라스코는 『포르마』에서 참된 교회의 세 가지 표지로 성경 말씀의 선포, 성례의 바른 시행, 교회 권징의 시행을 제시하고 있다. 앞의 두 가지 표지 역시 중요하지만 특히 권징을 강조하는 것이 아 라스코의 특징이다. 엠덴에서 목사와 장로로 이루어져 권징과 치리를 담당했던 교회회의는 오늘날 당회의 기원이라 할 수 있다. 참된 교회를 지키기 위해서 권징은 반드시 이루어져야 한다. 이는 오늘날 한국교회가 반드시 회복해야 할 원칙이기도 하다. 권징의 시행이 없는 교회는 참된 교회일 수 없다.

교회의 권징을 단순히 죄인을 찾아내서 정죄하고 처벌하는 사법 행위로 오해해서는 안 된다. 교회공동체를 지키기 위하여 성경의 가르침에 따른 옳고 그름의 바른 기준을 세우고 죄로 인해 넘어지고 무너진 성도를 애정 어린 조언과 공적인 권면을 통해 회복시키기 위한 목회적 돌봄의 방법이 권징이다. 특히 장로의 직분은 흔히 오해하듯이 성도들의 대표라는 명분으로 목사를 견제하거나 또는 교회의 중요한 결정에 영향력을 행사하라고 세워진 것이 아니다. 말씀의 사역자인 목사를 도와 성도들을 믿음 안에 돌보고 권면하는 것이 장로의 소명이다. 당회는 전통과 관례를 명분 삼아 성도들 위에 군림하는 기관이 아니다. 성도들의 삶을 살피고 돌보며 기도하는 목회의 중심이어야 한다.

또한 권징의 목적은 복음의 진리 안에 교회를 세우기 위함이다. 그렇기에 권징의 바른 시행을 위해서는 충실한 교리 교육이 선행되어야 한다. 실제로 어린아이에서부터 노인에 이르기까지 체계적이고 철저하게 교리 교육을 받은 런던 피난민 교회는 "마치 모든 성도를 신학자로 준비시키려는 듯하다"라는 평가를 받을 정도였다.[99] 권징의 사역을 수행할 당회원이라면 단지 몇몇 법조문이나 관습을 경험적으로 아는 것에 그쳐서는 안 된다. 성경의 진리와 장로교 신학의 원리를 분명히 이해하고 성도를 아끼는 목자의 마음이 준비되어야 한다.

---

99) J. Lindeboom, Austin Friars : *History of the Dutch Reformed Church in London, 1550-1950* (The Hague: M. Nijhoff, 1950), 17.

교황을 정점으로 하는 교황제나 국왕을 중심으로 하는 국교회주의가 주도하던 시대에 아 라스코는 회중의 적극적인 참여를 그의 교회법에서 제도화하였다. 전체 회중의 참여를 통해 하나님께서 교회에 맡기신 권위를 행사하는 아 라스코와 런던 피난민 교회의 교회정치 체제는 오늘날까지 이어지는 장로교회 정치의 실제적인 기원이라 할 수 있다.

 교회는 몇몇의 직분자가 움직이는 조직이어서는 안 된다. 하지만 나는 그저 평신도일 뿐이니 예배만 참석하면 된다는 대다수 회중의 무관심 역시 분명히 잘못된 것이다. 성도들 역시 단지 내 귀에 편안한 설교를 듣는 것에 만족해서는 안 된다. 복음의 진리가 무엇인지 분명히 알아야 하고, 내가 만난 예수님을 세상에 전할 수 있도록 준비되어야 한다.

 교회는 세상살이에 지친 성도들이 주의 은혜 아래 위로받는 영적인 쉼터이기도 하지만, 동시에 하나님의 말씀을 배우고 구원받은 성도다운 삶을 살 수 있도록 교육받는 배움터이다. 경건한 삶은 단지 목사나 특별히 헌신된 직분자에게만 요구되는 것이 아니다. 구원받은 모든 성도는 날마다 거룩한 삶을 살아내기 위한 영적 싸움을 멈춰서는 안 된다.

 아 라스코의 교회법을 살피면서 자주 등장한 단어가 '코이투스'였다. 동프리슬란트의 목사 모임인 코이투스는 오늘날 노회 혹은 총회의 역할을 한다고 볼 수 있다. 코이투스의 주된 역할은 소속된 모든 목사가 동일한 신앙을 고백하고 복음의 말씀을 선포할 수 있도록 살피는 것이었다. 이를 위해 목회자에 대한 권징과 치리 사역이 코이투스, 곧 목사회에서 이루어졌다. 바로 장로교 정치에서 노회에게 맡겨진 소명이다.

오늘날 한국교회의 문제점을 지적할 때 빠지지 않는 것 중 하나가 개교회주의이다. 내가 몸담고 있는 교회만 참된 교회이고 다른 교회는 나와 상관없다는 사고방식은 오로지 우리 교회만 양적으로 성장하면 된다는 성장지상주의가 남긴 큰 상처이기도 하다. 지역교회는 결코 홀로 있는 것이 아니다.

하나님께서 택하신 성도들의 공동체인 교회는 지역과 국가, 언어와 문화를 넘어서는 것이다. 교회들이 개교회주의에 사로잡혀 연합하지 않는 것은 무엇이 교회인지를 알지 못하는 것이다. 목회자부터 교회의 하나 됨을 기억하고 동일한 신앙을 고백하는 교회의 연합을 위해 노력해야 한다. 또한 목회자를 교육하고 권징하는 목양기관으로서 노회의 기능이 보다 적극적으로 수행되어야 할 것이다.

개혁주의의 다양성: 아 라스코와 개혁파 피난민 회중

많은 사람들이 칼빈주의와 개혁주의를 같은 의미로 사용한다. 제네바의 개혁자인 칼빈이 개혁주의 신학의 정립과 발전에 지대한 영향을 끼쳤다는 것에는 이론의 여지가 없다. 그러나 개혁주의를 단지 칼빈의 신학과 유산만으로 이해하는 것은 개혁파 전통의 역사성과 다양성을 간과하는 것이다. 실제 역사는 16세기 당시에 개혁파 내부에서도 서로 다른 여러 흐름이 경쟁하였다는 것을 보여준다. 대표적인 것이 취리히를 비롯해 독일 남서부 지역과 독일어를 사용하는 스위스에 뿌리내린 츠빙글리 전통이고, 다른 하나는 프랑스어를 사용하는 제네바를 중심으로 한 칼빈의 전통이었다.

아 라스코는 개혁파 1세대 종교개혁자라 할 수 있는 츠빙글리, 외콜람파디우스와 부서는 물론이고 개혁신학의 전통을 확립한 칼빈과 불링거 등 대부분의 개혁자들과 직접 만나거나 서신을 통해 활발하게 교류하면서 자신의 종교개혁사상을 발전시켰다. 『포르마』에서 스스로 밝히고 있듯이 그의 교회법은 부서의 스트라스부르와 칼빈의 제네바 교회법의 많은 부분을 수용하고 있다. 동시에 프로페시와 같은 취리히 전통의 장점 역시 받아들여 발전시켰다. 성찬론에서 잘 나타나듯이 아 라스코는 오직 성경 말씀과 초대교회의 사도적 모델을 따른다는 자신의 원칙을 지켰다.[100] 그는 하나님의 주권과 교회의 유일한 최종

---

100) Norwood, *Strangers and Exiles; a History of Religious Refugees*, vol. 1, 302.

권위로서 성경, 권징과 치리에 대한 강조 등 개혁주의 전통의 보편적인 기준에 충실한 개혁파 종교개혁자였다. 그러나 제네바와 취리히 중 어느 쪽에도 치우치지 않았다. 직분에 대한 이해나 교회법에서 권징의 구체적인 실행방법을 이루어낸 것, 특히 목회 사역에 대한 회중의 참여를 강조하고 제도화하는 등 개혁파 전통 내에서 다양성의 구체적인 사례들이 아 라스코를 통해 나타났다. 스스로도 피난민이었던 아 라스코가 개혁파 피난민 회중, 특히 네덜란드 회중과 함께 하며 보여준 개혁주의 신앙공동체의 모습은 16세기 중반까지 개혁파 종교개혁의 특징으로 나타나던 도시 종교개혁(Urban Reformation)이 피난민 종교개혁(Refugee Reformation)이라는 새로운 흐름으로 전환되는 과정의 분명한 모델이 된다. 개혁파 피난민 회중을 통해 개혁주의 신앙은 전 유럽으로 확장되어 이후 국제적인 연대와 소통이 개혁파 전통의 중요한 특징으로 나타나게 된다.[101]

16세기 유럽의 종교개혁 시기에 로마 가톨릭과 루터파가 각기 주도권을 잡은 지역에서 개혁파 신앙을 고수하던 신앙공동체들은 극심한 박해를 견뎌야 했다. 네덜란드의 그리스도인들은 참된 믿음을 지키기 위해 이웃한 독일 북서부의 엠덴 그리고 다시 바다를 건너 영국의 런던 등지로 떠나가야 했다. 칼빈

---

101) Heiko Augustinus Oberman, *The Reformation: Roots and Ramifications* (Grand Rapids, Mich.: W.B. Eerdmans Pub., 1994), 201-220.

역시 신앙을 지키기 위해 프랑스를 떠나 길을 나선 피난민이었다. 이후 칼빈의 영향을 강하게 받은 프랑스 개혁교회가 세워졌으나 로마 가톨릭의 박해로 인해 프랑스를 떠나 흩어진 성도들은 위그노 공동체를 이루게 된다. 다양한 배경의 피난민 성도들은 가나안을 찾아 이집트를 떠난 이스라엘 백성이었고, 하나님 나라를 바라보는 이 땅의 나그네들이었다. 타국에서 이방인으로 살아가면서 교회를 중심으로 신앙을 지켜낸 이들 피난민 회중은 이후 유럽 각지에서 개혁교회가 세워지는 기반이 되었다. 오늘날까지 개혁교회와 장로교회의 특징으로 꼽히는 여러 제도와 신학적 원칙들이 이들 피난민 공동체를 통해 구체적으로 실현되었고, 신앙생활 가운데 적용되었다.

오늘날 한국의 장로교회에서 '개혁주의'는 성경적인 신학, 건전한 보수신학의 대명사와 같이 사용된다. 많은 목회자들과 성도들, 교회들이 개혁주의 전통에 속해 있다는 것에 자부심을 갖는다. 그러나 이것이 자칫 개혁주의 신앙의 본질을 잃어버린 채 신학의 정통성과 우월함을 내세우기 위한 구호로만 머물러 있다면 '개혁주의'라는 타이틀 자체가 개혁의 대상이 되어야 할지도 모른다. 많은 이들이 칼빈에 대해 말하지만 정작 칼빈의 신학 저술과 설교문을 직접 읽고 이해하려고 노력하는 사람은 많지 않다. 우리는 칼빈의 글을 읽을 뿐 아니라 더 나아가 칼빈의 삶과 시대적 배경을 이해하고 역사적 맥락 가운데 칼빈의 신학을 살펴야 한다. 하물며 개혁주의 신앙의 전통은 어떠하겠는가? 거기에는 결코 칼빈의 신학이나 교리만으로는 충분히 설명될 수 없는 다양함과 풍성함이 있다.

지금까지 아 라스코의 삶과 사역을 소개하였다. 이 글을 통해 한국교회의 목회자들과 성도들이 종교개혁의 역사를 알고, 개혁주의에 대한 이해의 폭을 넓히는 데 조금이나마 도움이 되기를 바란다.

| 편집후기 |

종교개혁은 어떤 의미가 있는가

1517년 종교개혁이 일어난 이후 시대는 많이 변했다. IT 산업과 첨단과학이 발달한 변화의 시대가 왔다. 그러나 급격하게 발전하는 시대 속에서도 현대인들은 여전히 인생의 문제와 세상의 도전 앞에 방황하고 있다.

종교개혁자들이 고민했던 하나님과 인간과 세상에 대한 깊은 성찰이 다시 이 시대에 절실하게 요청되고 있는 것이다.

세계도 변하고 있다. 유럽과 미국 중심의 세계 질서도 바뀌어 아시아가 점차 세계의 주목을 받고 있다. 특히 한국 기독교에 대한 세계적인 관심과 기대는 대단하다. 어린이와 같았던 한국 교회는 이제 청년으로 성장하고 있다. 이런 맥락에서 한국 기독교인들은 지금까지 전혀 고민해보지 않았던 근원적이고 피할 수 없는 중요한 질문 앞에 서게 되었다.

나는 누구인가? 우리의 신앙은 어디에서 왔는가? 참으로 경건한 기독교인은 어떤 사람들인가? 한국 교회는 어디로 가야 하는가? 이런 질문에 부딪힐 때마다 교회의 역사는 깊은 지혜를 제시해 준다. 다시 종교개혁의 본질로 돌아가자는 것이다. "Ad Fontes(근원으로)!"

종교개혁을 이해하기 위해서는 다각적인 접근이 필요하다. 유럽의 지성사적 흐름을 알아야 하고, 정치, 경제, 사회, 문화적인 배경도 통찰해야 한다. 기독교 교리의 역사도 알아야 한다. 그러나 무엇보다 가장 쉽고 정확하게 이해하는 방법은 그 시대를 치열하게 살아간 종교개혁자들을 이해하는 것이다. 그것은 곧 그들의 삶, 좌절, 고난 그리고 그것을 극복하는 과정에서 역사하셨던 하나님의 일하심을 알아가는 것이다.

종교개혁자 평전 시리즈는 무엇이 다른가

수많은 책들이 출판되지만 그 가운데 지속적으로 선한 영향을 미치는 책은 많지 않다. 신앙서적 또한 예외가 아니다. 그런 점에서 본 평전 시리즈의 차별성과 독특성을 알게 된다면 독자들은 더욱 보람 있게 이 책을 읽을 수 있을 것이다. 몇 가지 특징을 정리해 본다.

첫째, 저자들은 모두 가장 최근에 그 해당 주제로 박사학위를 받은 학자를 엄선하여 심혈을 기울여 저술했다. 급속도로 지식이 축적되는 오늘날 가장 최근의 학문적 정보가 최고의 수준으로 담겨 있다고 볼 수 있다. 따라서 잘 알려지지 않았던 자료들이 폭넓게 활용되어 참신하게 저술한 장점이 있다.

둘째, 단순한 영웅담이 아니라 비평을 가하는 평전이기에 정확하고 유익한 정보를 얻게 된다. 기존 종교개혁자에 대한 책이 간혹 우리 눈에 발견되지만 대부분 인물을 예찬하는 데 반해 본서는 종교개혁자들의 삶과 신학을 학문적이고 객관적으로 연구하고 평가했다.

셋째, 한국의 신학자들에 의해서 직접 저술되었기에 한국 독자들의 정서에 꼭 맞는 책이 될 것이다. 물론 유럽과 미국의 학자들이 저술한 훌륭한 종교개혁자들의 전기나 번역서도 있다. 그러나 서양 저자들은 대부분 서양의 지성사적이고 문화적인 배경을 전제로 하기 때문에 비서양권인 한국의 독자들이 깊이 이해하기에는 한계가 있다.

넷째, 교회를 위한 신학(Theologia Ecclesiae)을 전제로 기획되고 저술되었다. 종교개혁자들의 활동과 그들의 신학은 모두 교회를 건강하게 세우고 교회에 유익이 되고자 하는 방향에서 이해되어야 한다. 그것이 정당한 방법이고 또 현대의 독자들과 목회자들에게도 유익하다.

본 평전은 이러한 원칙을 전제로 저술되었기에 지적인 호기

심을 넘어 개인의 경건은 물론 교회 공동체에도 큰 유익을 줄 것으로 기대한다. 일차적으로는 평신도 지성인들이 쉽게 읽어 내도록 평이한 문체와 감동적인 내용으로 저술되었으며, 동시에 목회자와 신학생들에게도 잘 알려지지 않은 최근의 연구 자료를 제시하여 신학을 공부하고 사상을 넓히는 데도 많은 도움을 줄 것이다. 본 시리즈를 통해 하나님과 인간과 세상을 이해하게 되고 건강한 신앙 공동체를 세울 수 있을 것으로 확신한다.

수석 편집인 안인섭 박사(총신대학교 교수)

| 참고 문헌 |

1차 자료

Calvin, Jean, G. Baum, Ed Cunitz, Eduard Reuss, and Alfred Erichson. *Ioannis Calvini Opera Quae Supersunt Omnia*. Corpus Reformatorum. 59 vols. Vol. 16, Brunswick: C.A. Schwetschke, 1863.

Dalton, H., and J. Łaski. *Lasciana: Nebst Den æltesten Evangelischen Synodalprotokollen Polens, 1555-1561*. De Graaf, 1973.

Desiderius Erasmus, Percy Stafford Allen. Opus Epistolarum Des Erasmi Roterdami. Oxonii, 1906.

Kuyper, Abraham, ed. *Joannis a Lasco Opera: Tam Edita Quam Inedita; Recensuit Vitam Auctoris* Vols. 2. Amstelodami: Frederic Muller, 1866.

Robinson, Hastings. *Original Letters Relative to the English Reformation*. New York: Johnson Reprint Corp., 1968.

Utenhove, J. *Simplex Et Fidelis Narratio De Instituta Ac Demum Dissipata Belgarum Aliorumq Peregrinorum in Anglia*. J. Oporimus, 1560.

2차 자료

Bartels, Peter. *Abriss Einer Geschichte Des Schulwesens in Ostfriesland*. Dunkmann, 1870.

Becker, Judith. *Gemeindeordnung Und Kirchenzucht: Johannes a

Lascos Kirchenordnung Für London (1555) Und Die Reformierte Konfessionsbildung. Studies in Medieval and Reformation Traditions. Leiden: Brill, 2007.

Brigden, S. *London and the Reformation.* Clarendon Press, 1989.

Cameron, Euan. *The European Reformation.* 2nd ed. Oxford: Oxford University Press, 2012.

Dalton, Hermann. *John a Lasco: His Earlier Life and Labours: A Contribution to the History of the Reformation in Poland, Germany, and England.* Translated by Maurice J. Evans. London: Hodder and Stoughton, 1886.

Dickens, A.G. *The English Reformation.* Pennsylvania State University Press, 1991.

Eaves, Richard Glen, and William A. Carter. "John a Lasco: A Polish Religious Reformer in England, 1550-1553." *Journal of Thought* 14, no. 4 (1979): 311-323.

Estep, William Roscoe. *Renaissance and Reformation.* Grand Rapids, Mich.: Eerdmans, 1986.

Franklin-Harkrider, M. *Women, Reform and Community in Early Modern England: Katherine Willoughby, Duchess of Suffolk, and Lincolnshire's Godly Aristocracy, 1519-1580.* Boydell, 2008.

Greef, W. de. *The Writings of John Calvin: An Introductory Guide.* [in Translated from the Dutch.] Expanded ed. Louisville: Westminster John Knox Press, 2008.

Haigh, Christopher. ed. *The English Reformation Revised.* Cambridge University Press, 1987.

Hall, Basil. *John a Lasco, 1499-1560: A Pole in Reformation England*. Friends of Dr. Williams's Library Lectures. London: Dr. Williams's Trust, 1971.

Hopf, C. *Martin Bucer and the English Reformation*. Wipf & Stock Publishers, 2012.

Janse, W. *Albert Hardenberg Als Theologe*. E.J. Brill, 1994.

Jones, William M. "Uses of Foreigners in the Church of Edward Vi." *Numen* 6, no. 2 (1959): 142-153.

Jürgens, Henning P. *Johannes a Lasco in Ostfriesland: Der Werdegang Eines Europäischen Reformators*. Tübingen: Mohr Siebeck, 2002.

_____. *Johannes a Lasco: Ein Leben in Büchern Und Briefen*. Veröffentlichungen Der Johannes a Lasco Bibliothek, Grosse Kirche Emden. Wuppertal: Foedus, 1999.

Kropf, Lewis L. "John a Lasco's Church Preferments." *The English Historical Review* XI, no. XLI (1896): 103-112.

Lindeboom, J. *Austin Friars : History of the Dutch Reformed Church in London, 1550-1950*. The Hague: M. Nijhoff, 1950.

MacCulloch, D. *Tudor Church Militant: Edward Vi and the Protestant Reformation*. Penguin Books Limited, 2017.

Maciej, Ptaszynski. "Between Marginalization and Orthodoxy: The Unitas Fratrum in Poland in the Sixteenth Century." *Journal of Moravian History* 14, no. 1 (2014): 1-29.

McNeill, John T. "Cranmer's Project for a Reformed Consensus." *The Journal of Religion* 8, no. 4 (1928): 539-565.

McGrath, Alister E. *The Intellectual Origins of the European Refor-*

mation. 2nd ed. Oxford, UK: Blackwell Pub., 2004.

Merle d'Aubigné, J. H. *History of the Reformation in Europe in the Time of Calvin*. 8 vols. Vol. 7, New York: Carter, 1863.

Norwood, Frederick Abbott. "The London Dutch Refugees in Search of a Home, 1553-1554." *The American Historical Review* 58, no. 1 (1952): 64-72.

_____. *Strangers and Exiles; a History of Religious Refugees*. Vol. 1, Nashville: Abingdon Press, 1969.

Oberman, Heiko Augustinus. *The Reformation: Roots and Ramifications*. Grand Rapids, Mich.: W.B. Eerdmans Pub., 1994.

Pettegree, Andrew. *Emden and the Dutch Revolt : Exile and the Development of Reformed Protestantism*. Oxford: Oxford University Press, 1992.

_____. *Foreign Protestant Communities in Sixteenth-Century London*. Oxford Historical Monographs. Oxford: Oxford University Press, 1986.

_____. *Marian Protestantism*. St. Andrews Studies in Reformation History. Brookfield, VT: Scolar Press, 1996.

_____. *The Reformation World*. London ; New York: Routledge, 2000.

Rex, R. *Henry Viii and the English Reformation*. Palgrave Macmillan, 2006.

Robinson, Hastings. *Original Letters Relative to the English Reformation*. New York: Johnson Reprint Corp., 1968.

Rodgers, Dirk W. *John a Lasco in England*. American University Studies Series VII, Theology and Religion. New York: Peter

Lang, 1994.

Schilling, Heinz, and Klaus-Dieter Schreiber. Die *Kirchenratsprotokolle Der Reformierten Gemeinde Emden, 1557-1620*. 2 vols. Köln: Böhlau, 1989.

Smith, James Frantz. *John A'lasco and the Strangers' Churches*. Mich.: University Microfilms International, 1981. Ph.D Dissertation.

Smyth, Charles Hugh Egerton. *Cranmer & the Reformation under Edward VI*. Cambridge: University Press, 1926. 1970.

Spalding, James C. "The Reformatio Legum Ecclesiasticarum of 1552 and the Furthering of Discipline in England." *Church History* 39, no. 2 (1970): 162-171.

Spijker, W. van't. *Calvin: A Brief Guide to His Life and Thought*. Louisville, KY: Westminster John Knox Press, 2009.

Springer, Michael Stephen. *Restoring Christ's Church: John a Lasco and the Forma Ac Ratio*. St. Andrews Studies in Reformation History. Aldershot, England: Ashgate, 2007.

Strohm, Christoph, ed. *Johannes a Lasco: Polnischer Baron, Humanist Und Europaischer Reformator*. Tubingen: Mohr Siebeck, 1999.

Vigne, Randolph, Charles Littleton, and Huguenot Society of Great Britain and Ireland. *From Strangers to Citizens: The Integration of Immigrant Communities in Britain, Ireland, and Colonial America, 1550-1750*. Brighton ; Portland: Sussex Academic Press, 2001.

von Zeissberg, H. *Johannes Łaski, Erzbischof Von Gnesen (1510 -*

1531) Und Sein Testament. Gerold, 1874.

Weerda, Jan Remmers, Matthias Freudenberg, and Alasdair I. C. Heron. *Der Emder Kirchenrat Und Seine Gemeinde: Ein Beitrag Zur Geschichte Reformierter Kirchenordnung in Deutschland, Ihrer Grundsätze Und Ihrer Gestaltung.* Emder Beiträge Zum Reformierten Protestantismus;. Wuppertal: Foedus, 2000.

Zamoyski, A. *Poland: A History.* HarperCollins Publishers, 2009.

곤잘레스, 유스토 L. 종교개혁사. Translated by 서영일. 은성, 1992.

스핑카, 매튜. 『개혁의 주창자들: 위클리프부터 에라스무스까지』. 기독교 고전총서. Vol. 13: 두란노 아카데미, 2011.

채드윅, 오언. 『종교개혁사』. 서요한 역. 크리스천다이제스트, 1999.

아 라스코의 교회법의 특징 중 하나는
성도들의 적극적인 참여를 지지한다는 것이다.
로마 가톨릭의 전통에 비해서는 물론이고
같은 개혁파 전통 안에 있는 개혁자들의 교회법에서도
찾아보기 어려운 정도의 참여의 권리가 회중에게 주어졌다.
이미 살펴본 것과 같이 프로페시를 통해
회중은 수동적으로 설교를 듣는 것에 그치지 않고
설교자와 적극적인 소통이 가능하였다.

— 본문 중에서 —

저자 소개

고려대학교 정치외교학과(B.A.)를 졸업한 후 총신대학교 신학대학원(M.Div.), 네덜란드 Protestantse Theologische Universiteit(M.Th., Ph.D. Candi-date.)에서 공부했다. "The Dynamics of Reformed Church Government: John a Lasco's Concept of Congregational Participation in Church Ministry"라는 제목으로 교회정치에 있어서 회중의 참여를 중심으로 아 라스코의 교회법을 분석하는 박사논문을 마무리하는 중이다. 남원예닮교회 담임목사로 섬기고 있다.

요하네스 아 라스코

초판 발행 2019년 9월 23일
초판 2쇄 2023년 7월 10일

지은이 강 민
발 행 익투스

총무 고영기 목사 기획 김귀분 국장
편집책임 조미예 마케팅책임 김경환
경영지원 임정은 마케팅지원 박경헌 김혜인
유통 박찬영 제작 최보람 편집·홍보 최강현

주소 서울시 강남구 영동대로 330
전화 (02)559-5655 팩스 (02)6940-9384
홈페이지 www.holyonebook.com
블로그 https://blog.naver.com/holyone-book
출판등록 제2005-000296호

ISBN 979-11-86783-22-1 03230

ⓒ 2019, 익투스
※잘못된 책은 바꾸어 드립니다.

익투스 익투스는 예수 그리스도와 그분의 복음을
IXΘΣ 사랑하는 모든 사람과 함께 합니다.

푯대를 향하여 그리스도 예수 안에서
하나님이 위에서 부르신
부름의 상을 위하여 달려가노라
(빌립보서 3:14)